Julio Llamazares
Rosen aus Stein

Spanische Kathedralen
von Santiago bis Segovia

Aus dem Spanischen
von Astrid Böhringer

Carl Hanser Verlag

Der vorliegende Band ist eine Auswahl aus
Las Rosas de Piedra, das 2008 bei Alfaguara in Madrid erschien.

Die Übersetzung wurde von der Dirección
General del Libro, Archivos y Bibliotecas
des spanischen Kulturministeriums gefördert.

1 2 3 4 5   15 14 13 12 11

ISBN 978-3-446-23746-9
© Julio Llamazares 2008, 2011
Alle Rechte der deutschen Ausgabe
© Carl Hanser Verlag München 2011
Satz: Fotosatz Amann, Aichstetten
Druck und Bindung: Friedrich Pustet, Regensburg
Printed in Germany

Inhalt

Vorwort   11

Zu Füßen des Herrn Jakobus: Santiago de Compostela   13

San Salvador in Oviedo   31

Die Kathedrale aus Glas: León   48

Der Stein von Salamanca   67

Die Filigrane von Burgos   85

Ávila, Traum aus Eis   103

Die Juden von Tudela   119

Die Erschaffung der Welt: Gerona   137

Wenn der Beutel klingelt: Barcelona   158

Für Cecilia

Der stärkste Eindruck unserer Kindheit – wir waren damals sieben Jahre alt –, an den wir uns noch heute lebhaft erinnern, war die Ergriffenheit, die in unserer Kinderseele der Anblick einer gotischen Kathedrale hervorrief. (...) Seit damals hat diese Sicht sich verändert, die Gewöhnung hat das Eindringliche und Pathetische jener ersten Begegnung etwas relativiert, doch bis heute können wir uns einer gewissen Verzückung nicht erwehren, wenn wir vor diesen prächtigen Bilderbüchern stehen, die sich in unseren Städten erheben und ihre in Stein gemeißelten Blätter in den Himmel ranken lassen.

Fulcanelli
Das Mysterium der Kathedralen

Vorwort

Was du hier in Händen hältst, lieber Leser, ist eine Auswahl der Kapitel, die die spanische Originalausgabe der *Rosen aus Stein* umfasst. Wie diese kann man auch die deutsche Ausgabe fragmentarisch lesen, sogar in einer anderen Reihenfolge als der vorliegenden, da jedes Kapitel eine Kathedrale beschreibt und meine Reise zu den einzelnen Stationen vom Leser in beliebiger Richtung nachvollzogen werden kann. Schließlich entsteht jeder Weg erst beim Gehen, wie uns der Dichter Antonio Machado lehrte.

Dennoch ein paar kurze Anmerkungen zu dem Buch. Es handelt sich in erster Linie um ein Reisebuch, nicht um einen Führer über spanische Kathedralen, und als Reisebuch weist es Merkmale auf, die sich von anderen Genres klar unterscheiden. Hier bestimmt die Subjektivität das Schreiben, ganz anders als beim Essay oder bei einer historischen Abhandlung, und außerdem bedingt der Zufall jedes Kapitel und jede Szene. Der Moment der Ankunft in einer Stadt, die jeweilige Jahreszeit, die Menschen, denen ich begegnet bin, haben nicht nur den Ton des Textes vorgegeben, sondern auch die Anekdoten, die ich darin erzähle, ja, sie waren sogar ausschlaggebend für meinen Blick auf die jeweilige Kathedrale. Letztendlich hängt doch alles von den Umständen ab, unter denen etwas geschieht, gerade in der Literatur.

Ebenso möchte ich darauf hinweisen, dass dieses Buch rein literarischer Natur ist. Da es sich bei Kathedralen um ursprünglich religiöse Bauwerke handelt, könnte man vielleicht annehmen, ich hätte sie aus religiösen oder zumindest spirituellen Gründen zum Thema meiner Reise gemacht. Aber nein, weit gefehlt. Trotz des unbestreitbar spirituellen Charakters dieser Bauwerke (der grandiosesten, die die europäische Zivilisation bis weit ins vergangene Jahrhundert hinein hervorgebracht hat) sind die Kathedralen für mich eher von künstlerischem und symbolischem Interesse. Wie im voranstehenden Zitat von Fulcanelli stehe auch ich seit meiner fernen Kindheit, als mein Vater mich zum ersten Mal in die Kathedrale von León mitnahm, um mir dieses phantastische Kaleidoskop zu zeigen, das Licht in Traumgebilde verwandelt, jedes Mal aufs neue verzückt vor diesen »prächtigen Bilderbüchern, die sich in unseren Städten erheben und ihre aus Stein gemeißelten Blätter in den Himmel ranken lassen«.

Diese Bücher zu entziffern, diese herrlichen Rosen zu entblättern, die unzählige Gefühle und Geheimnisse in sich bergen, und gleichzeitig die Wege und Städte eines Landes zu erkunden, in dem ich geboren und aufgewachsen bin und das ein weiteres phantastisches Buch aus Träumen und Landschaften darstellt, ist das Anliegen dieses Buches.

Julio Llamazares, Madrid 2011

Zu Füßen des Herrn Jakobus

Die Leute aus Santiago de Compostela sagen, in ihrer Stadt
sei der Regen Kunst, und das stimmt wohl auch. Man
braucht sich nur die Dächer, die Kolonnaden, die Arkaden
oder auch die Kandel und Gullys anzusehen, über die diese
Stadt den Regen, der offiziellen Angaben zufolge an drei-
hundertzwanzig der dreihundertfünfundsechzig Tage des
Jahres auf sie niederfällt, auffängt und wieder ableitet, um
eine Vorstellung von der Melancholie zu bekommen, die sie
in dieser Zeit durchdringen muss, und sogar von der Musik,
die ihre Dächer und Straßen dann hervorbringen.

Doch zur Überraschung des Reisenden erwacht der Morgen, an dem er hier seine Reise beginnt (natürlich zu Füßen
des Herrn Jakobus, da ihn die Reise ja zu den spanischen
Kathedralen führen soll), strahlend wie an einem Feiertag.
Es ist kein Feiertag (im Gegenteil: es ist der erste Montag im
September, der Tag, an dem viele Leute nach den Ferien zu
ihrer Alltagsbeschäftigung zurückkehren), doch die Sonne,
die bereits herausgekommen ist, scheint mit all ihrer Kraft
und verheißt einen herrlichen Tag in der Stadt und in ganz
Galicien. Im alten Compostela, wo es überall auf den Straßen nach Kaffee duftet und sich die Ladenbesitzer, die nach
dem Wochenende ihre Geschäfte wieder öffnen, lautstark
begrüßen, sind die Leute auf dem Weg zur Arbeit. Mitten
unter ihnen, den Schlaf noch in den Augen und die Tageszeitung unter dem Arm (er hat sie gerade zusammen mit
einem Stadtführer in der Schreibwarenhandlung El Sol

gekauft), befindet sich ein Reisender, der im frühen Morgengrauen von der Meseta kam und den das erste Tageslicht bereits kurz vor der Stadt überraschte.

Doch der Reisende ist nicht der einzige Frühaufsteher an diesem Tag. Er ist nicht einmal am frühesten aufgestanden. Außer den Ladenbesitzern und den Straßenverkäufern, die bereits ihre Stellplätze an den verschiedenen Wegen zur Kathedrale besetzen, begegnet er, während er auf diese zusteuert, zahlreichen Pilgern, die offensichtlich die Nacht in der Nähe verbracht haben, um mit dem ersten Morgenlicht Einzug in die Stadt zu halten, wie es die Tradition erfordert. Es ist alles vertreten: Spanier, Ausländer, Gruppenreisende, Einzelreisende, Junge, Alte, Frauen, Kinder, Behinderte … Alle haben sie die traditionellen Erkennungszeichen der Pilger bei sich (vor allem den Pilgerstab und die Muschel) und alle sind sie überglücklich, die Reise vollendet zu haben. Der Reisende könnte trotz seiner Kleidung als einer von ihnen durchgehen, doch er will niemanden täuschen. Der Reisende beginnt seine Reise dort, wo die anderen ihre beenden, und es macht ihm nichts aus, das zu sagen, auch wenn er dadurch auf die Privilegien verzichten muss, die der Pilger hier hat. Der Reisende bewegt sich gern gegen den Strom, sowohl auf den Wegen als auch im Leben, und er hat sich inzwischen daran gewöhnt, die sich daraus ergebenden Konsequenzen zu tragen.

»Wie sind Sie hergekommen?«

»Mit dem Auto.«

»Mit dem Auto?! … Dann kann ich Ihnen nicht die *Compostela* geben«, teilt ihm eine Frau im Pilgerbüro mit, das, in unmittelbarer Nähe der Kathedrale, auf seinem Weg liegt.

»Aber ich bin nach Santiago gekommen …«

»Ja, ja, aber die Pilgerurkunde bekommt man nur«, erklärt sie leicht gereizt,»wenn man nachweist, dass man die letzten hundert Kilometer zu Fuß oder die letzten zweihundert mit dem Fahrrad zurückgelegt hat.«

»Und vierhundert mit dem Auto zählen gar nicht?«

»Nein, die zählen nicht.«

»Na ja, da kann man wohl nichts machen«, meint der Reisende und trollt sich mit dem Gefühl, die Dame mit seiner Frage belästigt zu haben.

Das Gefühl, die Leute zu belästigen oder kurz davor zu sein, wird ihn den ganzen Tag lang sowohl in der Kathedrale als auch außerhalb verfolgen. Die Compostelaner sind nett und gastfreundlich im Umgang mit den Touristen (sie leben schließlich von ihnen), aber als gute Galicier haben sie nicht viel für Fragen übrig. Vor allem wenn sie einer stellt, der kein Pilger ist und von dem man auch nicht so genau weiß, was er eigentlich in der Stadt sucht.

»Pilger?«

»Nein.«

»Tourist?«

»Auch nicht.«

»Geschäftsmann?«

»Noch weniger.«

»Ja, was dann? …«, fragte die Rezeptionistin der Hospedería Xelmírez mit misstrauischem Blick, als der Reisende am Morgen ankam.

»Sagen wir, ich bin auf Reisen«, erwiderte er lächelnd und nahm seinen Koffer, um ihn aufs Zimmer zu bringen.

Aber das liegt schon eine Weile zurück. Jetzt befindet sich

der Reisende auf der Plaza del Obradoiro, inmitten eines Meeres von Pilgern und Touristen, die aus allen umliegenden Straßen auf diesen Platz strömen, als wäre er ein riesiger Hafen aus Granit. Man kennt dieses Bild, ist aber dennoch erstaunt. Etwas unterhalb der Kathedrale gelegen und beherrscht von deren Türmen und der großen Freitreppe aus Granit, die im 18. Jahrhundert gebaut wurde, um den Höhenunterschied auszugleichen, ist die Plaza del Obradoiro bereits zu dieser frühen Stunde voller Menschen. Die alte Plaza del Hospital, wo sich einst der *obradoiro*, die Bauhütte der Steinmetze befand, die Stein um Stein für die Hauptfassade und ihre beiden Türme bearbeiteten (die Torre de la Carraca und den Glockenturm), ist auch heute noch der kosmopolitische Ort, der er schon im Mittelalter war, als in ganz Europa die Pilgerreisen nach Santiago begannen. Überall wimmelt es von Menschen, Pilgern aus aller Herren Länder, die mit ihren Jakobsmuscheln und Pilgerstäben über den Platz spazieren, sich gegenseitig begrüßen, sich für Erinnerungsfotos ablichten und alles kaufen, was die unzähligen Verkäufer, die sich den Platz und die umliegenden Straßen streitig machen, in ihrem Angebot haben. Kruzifixe, Muscheln, Postkarten, Aufnahmen von Liedern der studentischen *Tuna*-Gruppen, *botafumeiros* aus Alpaka, nichts, was irgendwie mit der Stadt und ihrer Kathedrale zu tun hat oder was schlicht den Touristen feilgeboten werden kann, sucht man vergeblich auf der weitläufigen Plaza del Obradoiro, die an diesem schönen Septembertag, welchen der Reisende für den Beginn seiner Reise ausgewählt hat, wie ein riesiges Babel wirkt.

Der Ausgangspunkt soll genau hier sein, im Herzen der

Welt, an dem mythischen Ort, wo verschiedene Wege und Pilger aus allen Ländern der Erde zusammentreffen, auf den Spuren ihrer zahlreichen Vorgänger, die, angelockt vom legendären Stern und vom wundersamen Ruhm dieser Stadt, im Lauf der Jahrhunderte hierher kamen, ebenso wie im Jahre 813 der Bischof von Iria Flavia, Teodomiro, der als erster gekommen war und das Grab entdeckt hatte, auf dem heute die Kathedrale steht. Eine Kathedrale, die wie die meisten ein Konglomerat vieler übereinander gebauter Kathedralen ist, angefangen mit jenem ursprünglichen Gotteshaus, das König Alfons der Keusche anlässlich der Entdeckung der sterblichen Überreste des Apostels errichten ließ und um das herum die Stadt Compostela entstehen sollte.

Um das Ganze abzurunden, betritt der Reisende die Kathedrale durch das schönste Portal der Welt: den Pórtico de la Gloria, ein Kunstwerk aus Stein, das in diesem Stil wahrscheinlich auf der ganzen Welt seinesgleichen sucht. Dank der Inspiration von Meister Mateo, dem genialsten Künstler unter all jenen, die an der Erbauung dieser Basilika mitwirkten, und dank der finanziellen und politischen Unterstützung des leonesischen Königs Ferdinand II. ist der Pórtico de la Gloria, wie es im Führer des Reisenden heißt, »die vollkommenste und schönste in Stein gemeißelte Darstellung der christlichen Glaubenslehre«. Der Reisende wird dies sicherlich nicht bestreiten. Im Gegenteil, als er, von der Menschenmenge auf der Treppe angeschoben, endlich am Portal ankommt, steht er von dessen Schönheit derart hingerissen, derart überwältigt da, dass er ein paar Minuten lang die Menschen und die seltsame Zeremonie, die sich vor seinen Augen abspielt, gar nicht wahrnimmt: Nach einem kurzen bewundernden Blick auf das Portal, das man ein ganzes Leben lang bewundern könnte, gehen die Pilger hinein und legen die offene Hand an die Mittelsäule (die die Statue des Apostels trägt), um sich dann an der Rückseite hinzuknien oder sich zu verbeugen und mit dem Kopf dreimal die mysteriöse Figur zu berühren, die der Überlieferung nach Meister Mateo darstellen soll, obwohl die Compostelaner ihr schon vor geraumer Zeit den Namen *Santo dos Croques*, also »der Heilige der Kopfnüsse«, gegeben haben. Obwohl Agnostiker, tut es ihnen der Reisende, als er an der Reihe ist, gleich, doch hinterher muss er sich sagen lassen, dass er es nicht richtig gemacht hat. Die junge Frau, die darüber wacht, dass die Leute schön in der Schlange bleiben, erklärt ihm lächelnd, wenn man seine Finger an die Säule lege (die, wie sie erläutert, den Stammbaum Christi von David bis zur Jungfrau Maria darstellt), müsse man sich drei Dinge wünschen (der Reisende hatte sich nur eins gewünscht), und man berühre den Meister auch nicht so zum Spaß mit dem Kopf, sondern damit er einem etwas von seiner Intelligenz abgebe. Gehorsam stellt sich der Reisende noch einmal in die Reihe und vollzieht das Ritual nun, wie es sich gehört. Als er seine Finger an die Säule legt, wünscht er sich drei Dinge: ein langes, glückliches Leben für seinen Sohn, das gleiche für sich selbst und für diejenigen, die ihn auf der Reise durch seines begleiten, sowie Glück für die Reise, die er an diesem Tag antritt, während er Meister Mateo um die nötige Intelligenz und Kraft bittet, alles niederschreiben zu können. Zumindest so viel, wie der Meister selbst aufbringen musste, um aus diesem mächtigen

Granitblock eine der schönsten und vollkommensten steinernen Filigranarbeiten der Welt zu machen.

»Wie war es jetzt?«, fragt ihn die Frau, als er nach all dieser Wünscherei das Ritual beendet hat.

»Jetzt war's in Odnung«, erwidert er lächelnd und reibt sich die Stirn, um das Gefühl zu vertreiben, sich bei Meister Mateo eine Beule zugezogen zu haben.

Um sich vollständig zu erholen (von den Kopfnüssen und dem Eindruck, den das Portal hinterlassen hat), setzt sich der Reisende auf eine der Bänke im Hauptschiff, wo gerade eine Messe beginnt. Es ist die zwölf Uhr-Messe, die für die Pilger, wie sogleich eine engelhafte Stimme verkündet, deren Besitzerin er nicht sehen kann (so weiträumig ist die Kathedrale), und die aufgrund der Zahl der Zelebranten bedeutend zu sein scheint: Sechs Priester kommen durch den Mittelgang geschritten, gefolgt von zwei jungen Küstern (die älteren von früher haben offensichtlich schon das Zeitliche gesegnet). Der Hauptzelebrant begrüßt die Pilger zuerst. Diese kommen von überall her: Portugal, England, Frankreich, Deutschland, Brasilien … Vier der Priester, die mit ihm die Messe zelebrieren werden, sagt er, sind sogar selbst Pilger: ein Deutscher, ein Franzose und zwei Polen, die als Missionare in Brasilien tätig sind. Auch die Spanier kommen aus allen möglichen Gegenden, und ebenso unterschiedlich sind die Orte, wo sie ihre Wallfahrt begonnen haben: Roncesvalles, Somport, Pamplona, León, Astorga, Ponferrada … Wer mit keinem Wort erwähnt wird, ist der Reisende, denn der ist ja mit dem Auto gekommen, weshalb man ihm im Pilgerbüro Brot und Salz verweigerte und ihn auch nirgendwo als Pilger verzeichnet hatte.

Das macht ihm aber nicht viel aus, ebenso wenig wie die Tatsache, dass er jetzt mitten im Hauptschiff gefangen ist und eine Messe hören muss, die allem Anschein nach ziemlich lange dauern wird. Man sitzt dort ganz gut, und außerdem sieht man von diesem Platz aus nicht nur die Kathedrale, sondern auch alles, was sich in ihr abspielt. Und das ist nicht nur die Messe. Im Gegenteil, trotz deren Feierlichkeit gehen die Aktivitäten an den drei Eingängen weiter, wie auch in den Seitenschiffen, wo sich die Beichtstühle befinden. Es sind fünfzehn an der Zahl, einige mit Sprachenwahl für die Pilger aus anderen Ländern. In der Kathedrale von Santiago de Compostela kann man auf Italienisch, Englisch und sogar Galicisch beichten, alles für das ewige Seelenheil des reumütigen Sünders. Der einzige gerade besetzte Beichtstuhl ist allerdings die Nummer zwei, wo die Beichte nur auf Spanisch abgenommen wird.

Das Hauptschiff ist so groß, dass der Reisende von der Messe gar nichts mitbekommt, denn er ist ganz vertieft in den Anblick der gewaltigen Dimensionen (laut Reiseführer hat das Schiff eine Länge von 97 Metern) und der verschiedenen Schmuckelemente. Da das steinerne Chorgestühl fehlt, ebenfalls ein Werk von Meister Mateo, das sich heute teilweise im Museum befindet, und auch das jüngere aus dem beginnenden 17. Jahrhundert stammende nicht mehr vorhanden ist (dieses wurde abgebaut und Stück für Stück in das nahe Kloster von Sobrado de los Monjes gebracht), wandert der Blick des Besuchers zwischen den beiden von dem Galicier Miguel de Romay Anfang des 18. Jahrhunderts verzierten Barockorgeln und dem von dem Aragonesen Juan Bautista Celma konstruierten seltsamen Mechanismus hin und her, der als Halterung des Botafumeiro dient, des riesigen Weihrauchkessels, der nur bei ganz besonderen Anlässen hervorgeholt wird, und dadurch, dass er von mehreren Männern gemeinsam gezogen werden muss, als das bekannteste und beliebteste Objekt in der Kathedrale gelten kann. Noch interessanter findet der Reisende allerdings die von dem Franzosen Baladier entworfenen Lampen aus dem 18. Jahrhundert und hinten im Altar die barocke Nische mit der Figur des Apostels (ein schwacher goldener Schimmer inmitten des ganzen Lichts) sowie den prächtigen Baldachin, der alles umspannt und der von acht wunderschönen Engeln gehalten wird. So in seine Betrachtung vertieft, merkt er kaum, dass sich die Nonne an seiner Seite, die ebenfalls eine engelhafte Stimme besitzt, ihm zuwendet, um ihm den Friedensgruß zu spenden, und auch die beiden Küster, die jetzt im dunkelvioletten Gewand des Apostels Jakobus mit Kollektenkörben vorbeigehen, nimmt er nur am Rande wahr. Was ihm dagegen sofort auffällt, ist ein Detail, das er interessanter findet als alles andere: Als die Zeit des Abendmahls gekommen ist, mischen sich zwei der Priester unter die Menge, um die Hostien zu verteilen, begleitet von je zwei Mädchen mit einem Regenschirm.

»Was bedeutet das?«

»Das ist, damit man sie sieht«, erklärt eines der Mädchen am Ende der Messe zur Enttäuschung des Reisenden, der dachte, der Regenschirm sei ein modernes liturgisches Symbol.

»Ah«, kommt es denn auch enttäuscht aus seinem Mund.

Nach der Messe leeren sich die Bänke, und die Kathedrale von Santiago verwandelt sich in einen regelrechten Jahr-

markt. Ungehindert laufen die Touristen in den Seitenschiffen herum, begrüßen sich, fotografieren sich gegenseitig, drängen sich vor den Souvenirständen, scharen sich in
Gruppen zusammen und plaudern ein bisschen, als wäre die
Kathedrale eine Verlängerung der Plaza del Obradoiro und
nicht ein heiliger Ort. Der Reisende streift, stets bemüht,
den Opferstöcken und den Touristengruppen auszuweichen,
ebenfalls durch den Raum und fühlt ein wachsendes Be-
fremden unter den Menschenmassen. Er ist zwar sicher der
einzige, der mit dem Auto gekommen ist, doch er hat zweifellos das größte Interesse an der Kirche als solcher. In der
Tat ist er, wie er von einem der Aufseher erfährt, nicht nur
heute, sondern seit geraumer Zeit der einzige, der nach dem
Taufbecken aus dem 9. Jahrhundert fragt, an dem laut
Reiseführer der arabische Herrscher Almansor sein Pferd
tränkte, sowie nach dem Ort, an dem der Legende zufolge
der Pilgerstab des Heiligen Franziskus aufbewahrt wird.
Freilich kommt auch er nicht daran vorbei, die Rituale zu
vollziehen, die die Kathedrale von Santiago allen Pilgern
auferlegt, einschließlich Atheisten wie ihm. Zunächst reiht
man sich natürlich in die Schlange vor dem Apostel ein,
um ihn in seiner Nische zu umarmen (von hinten und einer
nach dem anderen), und dann geht man weiter, um in der
Krypta einen Blick auf den silbernen Schrein zu werfen, in
dem seine ehrwürdigen Gebeine laut Überlieferung an
derselben Stelle wie schon vor zweitausend Jahren ruhen,
nachdem seine Anhänger sie auf einem Karren vom Meer
hergebracht hatten, die Gebeine, deren Entdeckung den
Grundstein für das mystische und religiöse Phänomen legen
sollten, das der Reisende jetzt vor Augen hat. Aber es ist

sicher nicht alles an diesem Ort religiös oder mystisch. Im Gegenteil erkennt man sofort, dass die meisten Leute, haben sie auch einen noch so langen Fußmarsch hinter sich, nur auf einen kurzen Sprung gekommen sind, und ebenso deutlich ist, dass die meisten Einheimischen den Jakobsweg als reines Geschäft betrachten. Ein Geschäft, das seit dem Beginn von dessen touristischer Nutzung vor etlichen Jahren täglich weiter wächst und ihnen einen Großteil ihrer Einnahmen beschert, obwohl es natürlich immer einige gibt, die über deren Verteilung klagen:

»Eine Schande ist das ...! Die Leute geben immer nur den Priestern, und wir gehen leer aus. Wieso sollen nur die was in den Bauch kriegen?«, beschwert sich an der Puerta de las Platerías, unter der Szene der Anbetung Christi, der Bettler, der hier Wache steht.

Der Bettler ist beileibe nicht der einzige, der sich hier auf-hält. Um das Portal herum und auf der Treppe, die zum Platz führt, tummeln sich zu dieser Stunde zahlreiche Pilger. Es ist Mittag, und alle suchen den Schatten, bis auf ein paar, die sich wie Eidechsen in der Sonne ausgestreckt haben. Nach so viel Halbdunkel, so viel Stein und so viel Kunst braucht der Kopf eine kleine Pause, und man ist dankbar für ein bisschen Sonnenlicht und eine Zigarette. Statt eine Rauchpause zu machen, möchte sich der Reisende, der mit dem Rauchen aufgehört hat (was er jetzt bedauert), aber lie-ber das Portal anschauen, das einzige, das noch von der ursprünglichen romanischen Basilika erhalten ist (und bei dem vor allem zwei Skulpturen ins Auge stechen: ein er-haben wirkender David mit einer Harfe sowie die kurios an-mutende Ehebrecherin, wie die Figur im Volksmund heißt, weil sie vor ihrem Körper einen Totenkopf hält, nämlich den ihres vom Ehemann getöteten Geliebten, den sie nun zur Strafe jeden Tag küssen muss), und anschließend will er einmal um die Kathedrale herumspazieren, denn hier bekommt der Pórtico de la Gloria jetzt ernsthafte Konkurrenz. Der fortschreitende Morgen und der anwachsende Pilgerstrom haben nämlich inzwischen sämtliche Bittsteller und Bauernfänger Santiagos versammelt. Und das ist eine ganze Menge und eine bunte Mischung. Angefangen bei dem Musiker, der mit einem über den Kopf gezogenen Strumpf Gitarre spielt (vermutlich um ein bisschen geheimnisvoll zu wirken), bis zu den vielen studentischen Straßenmusikanten, die überall ihren Gesang anstimmen und von denen einige von ihrem Alter her ohne weiteres schon Professoren sein könnten. Keiner ist jedoch so einfallsreich wie Suárez, ein Maler, der aussieht, als käme er aus Paris. Er hat seine Staffelei an der Ecke der Calle Fonseca aufgestellt und während er malt, erklärt er den Touristen ohne übertriebene Bescheidenheit und Zurückhaltung seine Malerei:

»Glauben Sie mir, ich habe einen langen Weg zurückgelegt, bis ich zu diesem Stil gefunden habe, zu dieser Synthese zwischen dem schizophrenen Pinselstrich eines Van Gogh und der Eleganz und *finezza* eines Renoir«, erklärt er mit Blick auf das Bild, an dem er gerade arbeitet und das zwei sich kämmende Mädchen vor einem Spiegel darstellt.

»Und wie heißt das Bild?«, fragt der Reisende interessiert.

»Wie es Ihnen beliebt«, erwidert Suárez lächelnd, denn er weiß, dass der Kunde immer recht hat.

Suárez' Stimme verliert sich im allgemeinen Stimmengewirr, während sich der Reisende auf der Flucht vor den Touristen und den Pilgern und auf der Suche nach einer Einkehrmöglichkeit von der Kathedrale entfernt. Es ist zwei Uhr, und er bekommt allmählich Hunger. Schon bald hat er etwas gefunden. Das Restaurant San Jaime, zwei Schritte von der Calle Fonseca entfernt, ist nicht das beste in Santiago, doch es macht einen sauberen und ordentlichen Eindruck und bietet vor allem dank seiner Lage im ersten Stock einen sonnigen Blick auf den Platz, dessen Name es übernommen hat. Eine Fleischbrühe und ein Teller mit Meeresfrüchten (die, wie bereits vermutet, tatsächlich nicht zum Besten in Santiago zählen) geben ihm das Gefühl, privilegiert zu sein, aber vor allem geben sie ihm die Kräfte zurück, die ihn allmählich zu verlassen drohten. Er hat schon viele Kilometer zurückgelegt heute und ist seit zehn Stunden auf den Beinen.

Wieder zurück an der Kathedrale setzt sich der Reisende auf die Plaza de la Quintana, um dort einen Kaffee zu trinken. Er hat ein Café im unteren Teil des Platzes ausgewählt, den die Leute aus Santiago den »Platz der Toten« nennen, im Unterschied zum »Platz der Lebenden« im oberen Teil, doch er weiß zuerst nicht (bis er es in seinem Reiseführer liest), dass er auf einem alten Friedhof sitzt, der seinerzeit sehr begehrt war, weil man, wenn man dort beerdigt wurde, in unmittelbarer Nähe des Apostels lag. Der Reisende ist jedoch nicht daran gewöhnt, mit den Toten Kaffee zu trinken, auch wenn sie noch so lange tot sind, und verlässt das Lokal, sobald er ausgetrunken hat, entschlossen, möglichst schnell von hier wegzukommen und die Besichtigung der Kathedrale fortzusetzen, die er genau an dieser Stelle vor nunmehr zwei Stunden unterbrochen hat, wie ihm ein

Blick auf die Uhr des Turms verrät, die diesem seinen Namen gibt.

Bevor er hineingeht, dreht er aber noch eine Runde um das Gebäude. Er tut dies in umgekehrter Richtung der Uhrzeiger (oder besser gesagt, des Uhrzeigers, denn es gibt nur einen) und bewundert jedes Portal, auf das er stößt: die Puerta de la Quintana, wegen ihres königlichen Wappens auch Puerta Real genannt; die berühmte Puerta Santa, die verwaist und verschlossen ist, bis das nächste Jubiläumsjahr kommt (sprich, wenn der Tag des Apostels Jakobus wieder auf einen Sonntag fällt); die bescheidenere und weniger berühmte Puerta de los Abades und noch weiter nördlich, an der Plaza de la Azabachería (deren Name auf die Pechkohle zurückgeht, die hier früher verkauft wurde, ebenso wie die Puerta de las Platerías den ihren dem hier einst betriebenen Silberhandwerk verdankt), die alte Puerta del Paraíso, auch Puerta Francígena genannt, weil an ihr der französische Weg endet. Dieses Portal war jahrhundertelang das bedeutendste gewesen (hier war früher nämlich der Eingang zur Kirche), doch es wurde aufgrund seines schlechten Zustands im 18. Jahrhundert zusammen mit der ganzen Fassade abgerissen und durch das heutige Portal neoklassizistischer Prägung ersetzt, und seitdem fristet es ein trauriges Dasein, von aller Welt vergessen mit Ausnahme des einen oder anderen Verkäufers von *figas* (Gagat-Amuletten, die den Pilger bei seiner Rückkehr beschützen) und eines invaliden Bettlers, der seine Tragödie auf einem Stück Pappe zusammengefasst hat: VERHEIRATET. AN DER HÜFTE OPERIERT. BITTE UM KLEINE SPENDE: 4700 PESETAS FÜR HEIMREISE: NACH VALLADOLID. Zerknirscht gibt ihm der Reisende ein paar Münzen (viel weniger, als jener braucht) und betritt erneut die Kathedrale, um sich die Kapellen anzuschauen, die er in dem am Morgen herrschenden Gedränge auslassen musste. Es sind mindestens ein Dutzend, die im Hauptschiff nicht mitgezählt. Von der Puerta de la Azabachería nach links gehend reihen sich aneinander: die Capilla de San Antonio, de San Andrés, de la Corticela (besonders tief verehrt von den Compostelanern, die hier zu der Jesusfigur beten und einen Zettel mit einem daraufgeschriebenen Wunsch mitbringen), del Espíritu Santo, und im Chorumgang (wo sich die Nische mit der Figur des Apostels befindet) die Capilla de San Bartolomé, de San Juan Apóstol (deren romanische Struktur noch fast intakt ist), de la Virgen Blanca, sowie die drei bedeutendsten: die Capilla del Salvador, in der Mitte des Kapellenkranzes, wo im Jahr 1075 der Grundstein für den Bau der Kathedrale gelegt wurde, wie einer Inschrift auf einer Seitenmauer zu entnehmen ist; die Capilla de Mondragón, benannt nach ihrem Erbauer, einem Domherrn, und mit einem Terrakotta-Retabel mit lebensgroßen Figuren ausgestattet, und schließlich die Capilla del Pilar, die ursprünglich von Erzbischof Monroy für eine Sakristei in Auftrag gegeben worden war, doch dann zu seiner letzten Ruhestätte wurde. Einen kurzen Halt macht der Reisende auch bei einer Kapelle, die wegen der Jungfrau in ihrem Altaraufsatz Capilla de la Virgen de la Azucena oder auch nach ihrer Stifterin, deren Grabmal sich an einer Seite befindet, Capilla de Doña Mencía genannt wird, sowie rechts von der Puerta de la Azabachería bei der Capilla de Santa Catalina, die heute nicht mehr besonders interessant ist, früher aber den Pantheon der Könige beherbergte, bis dieser Anfang des 16. Jahrhunderts in die Reliquienkapelle verlegt wurde, wo er sich bis heute befindet.

»Das sind immer noch nicht alle«, meint ein Aufseher, der ihn unermüdlich von Kapelle zu Kapelle gehen sieht.

»Ja, ich sehe es«, erwidert der Reisende lächelnd.

Bevor er weitergeht (falls er weitergehen sollte, das muss er sich nämlich noch überlegen, denn er braucht sich ja nicht alle Kapellen auf einmal anzusehen), beschließt er, sich eine Weile hinzusetzen. Er lässt sich wie am Morgen auf einer Bank nieder, und wie am Morgen wird er sogleich von einer weiteren Messe überrascht. Glücklicherweise gibt es diesmal nur einen einzigen Priester, aber auch jetzt ist allerlei Interessantes geboten: Abgesehen von ein paar Mystikern und den unvermeidlichen hingebungsvollen Pilgern, erscheinen mitten in der Zeremonie durch die Puerta del Obradoiro ein paar Kollegen von diesen in Tiroler Tracht, die etwas auf Deutsch singen.

»Was sind denn das für welche?«, fragt der Reisende seinen Banknachbarn.

»Keine Ahnung. Vielleicht Pfadfinder«, meint der, leicht verwirrt von der Aufmachung der Österreicher oder Deutschen.

Die Tiroler (ob nun Österreicher oder Deutsche, wer weiß) verschwinden immer noch singend und in unveränderter Formation durch das Querschiff, und die Aufmerksamkeit, die sie für einen Moment auf sich gezogen haben, richtet sich nun wieder auf die Messe. Noch interessierter verfolgt der Reisende allerdings das, was sich um die Beichtstühle herum abspielt, vor allem in einem auf der rechten Seite, wo ein kleiner Junge seine Sünden beichtet, während sein Vater ihn mit der Videokamera filmt, als vollbringe das Kind gerade eine Heldentat.

Den Rest des Nachmittags verbringt der Reisende damit, sich das Museum der Kathedrale anzusehen, das aus drei Bereichen besteht: Ein Teil befindet sich in der Krypta des Pórtico de la Gloria, die man von der Plaza del Obradoiro aus betritt, ein weiterer im Kreuzgang und der dritte, der Kirchenschatz, in der Reliquienkapelle und der angrenzenden Capilla de San Fernando. Die Sammlung von Kunstgegenständen in allen dreien ist so phantastisch, dass der Reisende am Ende seines Rundgangs gar nicht mehr weiß, was er alles gesehen hat und was er, hätte er die Wahl, am liebsten mit nach Hause nehmen würde. Vielleicht die aus dem 13. Jahrhundert stammenden Skulpturen des alten steinernen Chores, die vor der Zerstörung gerettet wurden, oder auch den *Codex Calixtinus*, das legendäre Werk des französischen Pilgers Aymeric Picaud aus dem 12. Jahrhundert, das im Archiv aufbewahrt wird; vielleicht aber auch das Tabernakel von Antonio de Arfe, das als Prachtstück des an Prachtstücken ohnehin reichen Kirchenschatzes gilt, oder den mit Edelsteinen besetzten Reliquienschrein aus vergoldetem Silber, in dem der echte Kopf von Jakobus dem Jüngeren aufbewahrt sein soll. Aber wahrscheinlich würde sich der Reisende, wenn er es denn tragen könnte, für das schöne Wasserbecken in Muschelform entscheiden, das jahrhundertelang vor der Puerta del Paraíso stand, wo es den Pilgern vor dem Betreten der Kathedrale als Waschmöglichkeit diente, und das an seinem heutigen Standort mitten im Kreuzgang ein eher kümmerliches Dasein fristet.

»Man könnte es wenigstens mit Wasser füllen ...«, legt der Reisende dem Aufseher nahe.

»Wenn's regnet«, lautete dessen gleichgültige Antwort.

Es wird langsam Abend über dem Kreuzgang, den Türmen, den Dächern und dem Glockenturm, auf dem man gerade einen Arbeiter erkennen kann (was er da oben wohl tut?), als der Reisende seine Besichtigung rechtzeitig zur Schließung der Kathedrale als beendet betrachtet. Die Leute sind nach und nach verschwunden, und der Reisende geht als einer der letzten hinaus (durch den Pórtico de la Gloria, wo er auch hereingekommen war). Die meisten Touristen halten sich jetzt auf dem Platz auf und betrachten zusammen mit den Einheimischen die Abendstimmung über der Stadt, die ebenfalls ein einzigartiges Schauspiel ist. Es ist acht Uhr, und das Glockengeläut und das Vogelgezwitscher, die Klänge der *gaitas* und die Rufe der Händler machen die Plaza del Obradoiro zu einem wahren Traum, gerade jetzt in der Abendsonne, die das steinerne Gold der Fassade zum Schimmern bringt. Der Reisende entfernt sich ein Stück, um sie besser sehen zu können, und lässt sich schließlich im Café des Paradors nieder (des einstigen Pilgerhospitals), wo auch schon andere sitzen, die bei einem Glas Bier das Schauspiel der über der Kathedrale hereinbrechenden Dämmerung betrachten wollen. Ein Schauspiel, das sich Abend für Abend wiederholt, das aber an Tagen wie diesem durch die Farbe, die der Stein im letzten Sonnenlicht annimmt, eine zusätzliche Dimension bekommt. In Santiago de Compostela ist eben nicht nur der Regen Kunst.

San Salvador in Oviedo

Im Vorwort schrieb der Reisende, er werde seine Reise so gestalten, wie es ihm gefalle, ohne sich allzu sehr nach religiösen oder politischen Grenzen zu richten. Der Reisende glaubt nur an solche Grenzen, die von der Geschichte gezogen wurden, und diese stimmen nicht immer mit dem überein, was die Landkarten sagen.

So wird er jetzt ein Land aufsuchen, das man auf keiner Landkarte mehr findet. Es verschwand von dieser im Lauf der Jahrhunderte und ihrer Widrigkeiten, doch in der Erinnerung vieler Menschen lebt es weiter. Es handelt sich um ein altes Königreich, das einst auf spanischem Boden existierte, das jedoch im Zuge der Entstehung des Landes, wie es heute existiert, irgendwann verschwand. Der Reisende, der in ihm geboren wurde und es in den Büchern und auf den offiziellen Landkarten seiner Kindheit noch fand, wenn auch in zwei Regionen geteilt, Asturien und León, setzt sich nun über alle heutigen Karten hinweg und kehrt an diesen Ort zurück, als sei er nicht bloß auf der Suche nach Kathedralen, sondern wandele zudem auf den Spuren der Vergangenheit. Nach Galicien führt ihn seine Reise deshalb weiter zur ersten Hauptstadt jenes alten Königreichs (noch vor Cangas de Onís und Pravia), die keine andere ist als Oviedo, jenes Oviedo, das die Pilger von León aus aufsuchten, der zweiten Hauptstadt des Königreichs, die ihm auch seinen Namen gab, um dort vor dem Salvador, dem Erlöser, niederzuknien, bevor sie ihren Weg nach Santiago fortsetzten.

Nicht umsonst sagt das Sprichwort: Wer zu Jakobus geht und den Erlöser verschmäht, geht nur zum Knecht und verschmäht den Herrn.

Den Knecht hat der Reisende schon vor einiger Zeit besucht. Das war an einem Tag im September, vor mittlerweile sechs Monaten, und jetzt ist es an der Zeit, dass er auch den Herrn aufsucht, der zumindest dem Namen nach – im Volksmund nennt man ihn San Salvador – ein Heiliger unter vielen sein könnte. Der Reisende denkt darüber nach, warum das wohl so ist, während er über die alte Landstraße fährt, die von León aus über das hohe Gebirge führt, das die beiden Provinzen voneinander trennt. Es ist Frühling (der Kalender zeigt den 1. April), doch um die Berggipfel winden sich immer noch Schneegirlanden, die die Menschen in der Gegend daran erinnern, dass sie die Joppe erst in zwei Monaten ablegen dürfen.

Hinter dem Pass wird der vorher klare Himmel immer grauer. Er wird asturianisch, wie die Landschaft, und ist getränkt von dieser grauen Melancholie, die den Reisenden an seine Studentenzeit erinnert, eine Zeit, die er unter dem grauen Dach dieses Himmels und in dieser alten Stadt im Norden verbrachte, auf die er jetzt über Berge hinweg, durch Tunnel hindurch und ab Pola de Lena auch inmitten eines immer dichteren Verkehrs zusteuert. Endlich taucht nach einer langen Steigung Oviedo auf und in seinem Zentrum, alles überragend, der weithin sichtbare Wegweiser: »der einsame Turm der Kathedrale«.

Der Reisende parkt sein Auto in der Escandalera, wie die Einwohner von Oviedo ihr Stadtzentrum nennen (aus welchem Grund auch immer), und macht sich nach einem

Frühstück im Café Logos, während seiner Studentenzeit das modernste der Stadt, unverzüglich auf den Weg zur Kathedrale, denn der Morgen ist schon ziemlich weit fortgeschritten. Er ist zwar früh aufgestanden, aber die Landstraße von León bis hierher zieht sich immer noch so wie damals.

Unterwegs hält er jedoch vor dem Edificio Valdés Salas inne, einem ehrwürdigen palastähnlichen Bau voller Gerüste, in dem er vor nunmehr einem Vierteljahrhundert Jura studiert hat, ohne zu ahnen, dass ihn das Leben später ganz andere Wege einschlagen lassen sollte. So ist das eben manchmal, denkt er, während er das Gebäude betrachtet, unbeeindruckt vom Staub und den Arbeitern und der Gleichgültigkeit der Pförtner, denen die Erinnerungen des Fremden völlig schnuppe sind.

»Das ist das historische Gebäude der Universität«, antwortet der Jüngere der beiden auf seine Frage, ob das immer noch die Juristische Fakultät der Universität von Oviedo sei.

»Aha. Aber ist es immer noch die Juristische Fakultät?«

»Ich habe doch gesagt, dass dieses Haus das historische Gebäude der Universität ist«, wiederholt der Pförtner etwas schroff.

»Ja, schon, aber ist es immer noch die Juristische Fakultät?«, wiederholt der Reisende seine Frage unbeirrt.

»Nein.«

»Früher war die nämlich hier.«

»Früher …!«, gibt der Mann verächtlich von sich, als wäre seitdem ein halbes Jahrhundert vergangen.

Nicht gerade ein halbes Jahrhundert, aber fast so viel Zeit scheint über diese alte Stadt hinweggegangen zu sein, die der Reisende düsterer, vor allem aber verkehrsreicher in Erinnerung hat. Die Umwandlung des Zentrums in eine Fußgängerzone und die Sanierung vieler Fassaden lassen Oviedo in einem neueren oder zumindest einem eleganteren Licht erscheinen. Als hätte es in dieser Zeit einen großen Sprung nach vorn gemacht.

Doch das ist nur der äußere Schein. Tief in seinem Herzen ist Oviedo (wie der Reisende feststellt, sobald er sich etwas umgeschaut hat) die Stadt geblieben, die er in den siebziger Jahren kennengelernt hat und die damals immer noch dem Bild entsprach, das Clarín, ihr bedeutendster Erzähler, in seinen Werken von ihr zeichnet, insbesondere in *Die Präsidentin*, jenem Roman, dem die Leute aus Oviedo so viel verdanken, auch wenn ihm die meisten überhaupt nichts abgewinnen können.

»Bitte!« Gekränkt bekreuzigt sich der Geistliche, der Selbstgespräche führend allein über den Platz spaziert.

Der Mann, der schon alt ist und dessen komplett weißes Haar einen starken Kontrast zum strengen Schwarz seiner Kleidung bildet, wirkt, als sei er nicht ganz richtig im Kopf. Ohne sein Gemurmel zu unterbrechen, dreht er seine Runden auf dem Platz, während der Reisende auf die Kathedrale zusteuert, genauer gesagt auf das Portal, das offen zu sein scheint.

Tatsächlich fehlt am linken Portal, dem kleinsten, das Gitter, das die beiden anderen versperrt: das große in der Mitte und das rechte, über dem sich der einzige Turm erhebt. Doch bevor der Reisende es durchschreitet und die Kathedrale betritt, bleibt er eine Weile stehen und betrachtet die Fassade, das ganze architektonische Ensemble und insbe-

sondere diesen schönen Turm, berühmtestes Symbol und –
noch immer – höchste Erhebung der Stadt. »Ein romanti-
sches Poem aus Stein, eine liebliche Hymne zarter Linien
von stummer, unvergänglicher Schönheit«, wie Clarín
einst schrieb, so präsentiert er sich dem Reisenden, wie
schon in seiner Studentenzeit, als ihn dieser stets wolken-
verhangene gotische Pfeil von einem blaueren Himmel als
dem über Oviedo träumen ließ.

Innen hat sich die Kathedrale auch nicht sehr verändert.
Sie ist immer noch jenes dem Reisenden wohlbekannte
mittelalterliche Gotteshaus, dessen Geschichte nicht nur
von Monarchien und Klöstern geprägt ist (letztere stellten
einen Teil ihrer Ländereien für seinen Bau zur Verfügung),
sondern auch vom spanischen Bürgerkrieg und der asturianischen Bergarbeiterrevolution von 1934. Eine vollkommen unterschiedliche Geschichte, je nachdem wer sie
erzählt.

Im offiziellen Sprachgebrauch und nach Meinung der eh-
baren Bürger der Stadt und der Rechten symbolisiert die Kathedrale von Oviedo die asturianische Monarchie (schließlich wurde sie im Auftrag ihrer Könige erbaut) und deren
Fortbestand in der heutigen spanischen Monarchie (deshalb tragen ihre Thronfolger auch den Titel »Príncipe de
Asturias«), während sie für die Republikaner wegen ihres
schwarzen Steins und der noch erkennbaren Einschusslö-
cher in ihren Portalen und Säulen das Symbol des Republi-
kanismus und des legendären Widerstandsgeistes der Asturianer ist. Heute, da dies alles der Vergangenheit angehört
(die Kriege und die Revolutionen), sieht der Reisende in
dieser alten Kathedrale, wie auch in allen anderen Kathe-

dralen Spaniens, lediglich ein weiteres Beispiel für die glanz-
vollen und die düsteren Zeiten dieses komplexen Landes
und für die Widersprüche, die seine Geschichte formten
und die wahrscheinlich auch seine Zukunft noch ein paar
Jahrhunderte lang bestimmen werden.

»Ganz deiner Meinung«, meint der Rationalist in ihm, als
er seine Überlegungen beendet.

Der ist der einzige, der ihm zuhören kann. Es herrscht eine
solche Leere und Stille in der Kathedrale, dass diese fast wie
ein Resonanzboden wirkt. So abwegig ist dieser Gedanke
gar nicht in Anbetracht ihrer Erhabenheit und des fast
gänzlichen Fehlens von Elementen, die die Akustik stören
könnten. Nur der Altar, den man ohne Licht kaum sieht,
und die eine oder andere vereinzelte Statue ziehen die
Aufmerksamkeit der Touristen auf sich. Der *Coro* ist verschwunden und mit ihm fast alle Figuren.

Bei den wenigen, die geblieben sind, verweilt der Reisende
nicht lange. Wie die Pilger im Mittelalter hat er es eilig, in
die Palastkapelle zu kommen, in der seit Jahrhunderten die
wichtigsten Reliquien und Schätze dieser Kirche aufbewahrt werden und die Cámara Santa genannt wird, ein
Name, der angesichts dessen, was sie beherbergt, keineswegs übertrieben ist.

Was man in der Cámara Santa zu sehen bekommt, nach einem Vorfall vor vielen Jahren allerdings nun gut geschützt,
sind die beiden für die Asturianer wichtigsten Kreuze: die
Cruz de los Ángeles und die Cruz de la Victoria, eins schöner als das andere und beide voller Geschichte (ersteres aus
dem 9., letzteres aus dem 10. Jahrhundert), sowie die Caja
de las Ágatas, eine kostbare mit Edelsteinen verzierte, gol-

dene Schatulle, die König Fruela II. der Kathedrale schenkte und die, ebenso wie die beiden Kreuze, nicht nur die Zeit, sondern auch den Raub Mitte der siebziger Jahre praktisch unbeschadet überstanden hat. Der Reisende lebte damals in Oviedo und kann sich noch gut an die Aufregung erinnern, die jener Vorfall auslöste.

Die Cámara Santa beherbergt außerdem (in der sogenannten Arca Santa, einem prächtigen aus dem 11. Jahrhundert stammenden Schrein aus mit Silberblech verkleidetem Kirschholz, den König Alfons VI. während der arabischen Invasion zur Aufbewahrung der Reliquien von Oviedo anfertigen ließ) die Reliquien verschiedener Heiliger sowie das Objekt, das im Hochmittelalter eine regelrechte Flut von Pilgern in die Hauptstadt Asturiens strömen ließ: das Schweißtuch Christi oder auch das Heilige Schweißtuch, das ebenso verehrt wird, wie es umstritten ist. Obwohl man nach den Worten Franciscos, des Führers, der es gerade zeigt, vor kurzem mit Hilfe der C14-Methode angeblich nachweisen konnte, dass besagtes Schweißtuch aus der Zeit Christi stammt, einen jungen Mann bedeckte, der am Kreuz starb (und eine Dornenkrone trug!) und zudem aus dem gleichen Stoff gemacht ist wie das Turiner Grabtuch. Also: ein glasklarer Fall.

Die Cámara Santa (und das benachbarte Museum, das auch einiges zu bieten hat: Allein die drei Diptychen, die hier ausgestellt sind, ein byzantinisches, ein romanisches und ein gotisches, machen einen Besuch dieser Kathedrale bereits lohnenswert) verlässt der Reisende so beeindruckt, dass er sich fragt, ob jetzt noch irgendetwas in dieser Kirche seine Aufmerksamkeit erregen kann. Und es gibt tatsäch-

lich noch etwas, praktisch direkt im Anschluss: der Kapitelsaal, der im Jahr 1239 als erster Teil des heutigen gotischen
Gebäudes errichtet wurde und in dem die wenigen Bänke
des *Coro* stehen, die bei den Ereignissen von 1934 gerettet
werden konnten, sowie der sich anschließende Kreuzgang
im gleichen Stil, in dem man außer den drei gotischen Phasen, der klassischen Gotik, der manieristischen Phase und
der Spät- oder Flamboyantgotik (schließlich dauerten die
Bauarbeiten zweihundert Jahre), Feuchtigkeitsflecken und
daneben die Spuren aus den Jahren 1934 und 1936 erkennen
kann. Die damaligen Ereignisse scheinen hier besonders
tragisch und dramatisch gewesen zu sein, wie man der Liste
der in jenen Jahren ermordeten Priestern entnehmen kann,
die mit ihren roten Lettern im Kreuzgang prangt und weit
über hundert Namen beinhaltet. Eine Zahl, die der Reisende, wie auch Arturo, der heute den offiziellen Führer
vertritt, kaum glauben kann.

»Verdammt viele«, meint Arturo bestürzt, und zählt die
Namen laut mit.

Beklommen ob so vieler Toter und beeindruckt von den
noch sichtbaren Einschusslöchern in den Steinen, macht
sich der Reisende auf den Weg nach draußen, ohne in die
Kathedrale zurückzukehren. Er verlässt den Kreuzgang durch
das Portal, das nach Osten geht, auf die Straße, die um den
sogenannten Pilgerfriedhof (genau das war früher nämlich
der Zweck dieser Begräbnisstätte) und die Reste der Palast-
anlage führt, die im 8. und im 9. Jahrhundert von den Köni-
gen Fruela I. und Alfons dem Keuschen erbaut wurde und
von der außer ein paar Steinen nur die Kapelle, die Krypta
(die heutige Cámara Santa) und der Turm übriggeblieben

sind, dessen unterer Teil letzteren heute als Vorraum dient, der aber seinerzeit der Glockenturm der Basilika San Salvador war, der Vorgängerin der heutigen Kathedrale. All das – der Reisende hat es bereits in seinen Reiseführern nachgelesen – bekommt eine Touristengruppe gerade von einer jungen, aber sehr forschen und resoluten Fremdenführerin aus Fleisch und Blut erzählt. Wer nicht zur Gruppe gehört, wird gnadenlos weggeschickt.

»Aber stehenbleiben können wir hier doch wohl …«, sagt einer, der nicht gehen will.

»Ja, aber ohne sich reinzumogeln«, lautet die unbeugsame Antwort.

Vorsichtshalber (und weil er schon Bescheid weiß) gehorcht der Reisende und geht die Straße wieder hinauf in Richtung Platz. Der Selbstgespräche führende Geistliche ist inzwischen verschwunden. Es ist ein Uhr, weshalb er wahrscheinlich beim Mittagessen sitzt, was der Reisende auch gern tun würde, denn er ist sehr früh aufgestanden und bekommt allmählich Hunger. Zuerst muss er allerdings noch ein Lokal suchen, und zwar eines, wo er das Gericht bekommt, von dem er träumt, seitdem er von zu Hause weggefahren ist: eine *fabada*, den asturianischen Bohneneintopf.

Auf seiner Suche streift er (in Erinnerungen schwelgend) durch die Altstadt, von der Calle Oscura bis El Fontán, eine Gegend, in der er als Student so viele Stunden verbrachte. Doch er kennt niemanden mehr. Er kann sich nicht einmal mehr an die Lokale erinnern, die durch Grundstücksspekulanten oder auch auf Wunsch ihrer Besitzer eine neue Gestalt angenommen haben, wie auch die meisten Fassaden. Nur das Café Sevilla, wo er gerne einen Kaffee getrunken hat, und die Sidrería Litos sehen noch ungefähr so aus wie früher. In letzterer sitzen sogar noch die gleichen Gäste wie damals: diverse Männerrunden, die mit einer Flasche *sidra* auf dem Tisch kommentieren, was sich in der Stadt so ereignet.

»Gibt es *fabada*?«, fragt der Reisende den Wirt hoffnungsvoll.

»Selbstverständlich«, erwidert dieser erstaunt darüber, dass man so etwas überhaupt fragen kann.

Heute ist das Bohnengericht sogar Teil des Mittagsmenüs: *fabada*, Eier in Sauce und als Nachtisch Karamellpudding oder Obst. Das alles wird in üppigen Portionen im Speisezimmer im ersten Stock serviert, das noch genauso aussieht wie zu der Zeit, als das Lokal eröffnete. Der Reisende, der in einer Ecke des gut gefüllten Raums sitzt, nimmt allerdings nur die Hälfte, die *fabada* und das Obst, denn er will schließlich nicht einschlafen, wenn er seine Besichtigung der Kathedrale fortsetzt.

Das tut er um vier Uhr, als diese nach einer kurzen Mittagspause wieder geöffnet wird. Offensichtlich ist das Allerheiligste in Oviedo nicht ausgestellt. Und wenn doch, macht es auch nichts: Dann wird die Tür eben abgeschlossen, und es bleibt für sich, es wird ihm schon nichts passieren.

Jetzt, da wieder geöffnet ist, hat es aber auch nicht viel Gesellschaft. Nur der Reisende und zwei, drei weitere Personen teilen sich die drei Schiffe der Kathedrale, in der es, wie in der ganzen Stadt, immer dunkler wird. Im Lauf des Tages hat sich der Himmel eingetrübt; es regnet zwar noch nicht, aber lange dauern kann es nicht mehr. Durch den sich ankündigenden Regen verdunkelt sich das Innere der Kathedrale noch mehr. Dem Reisenden fällt das schon beim Eintreten auf, und als er sich später auf eine Bank im Mittelschiff setzt, um sich ein paar Notizen zu machen, kann er kaum noch etwas sehen. Gott sei Dank schaltet ab und zu jemand das Licht im Altarretabel an, so dass er ein paar Zeilen schreiben und gleichzeitig das betrachten kann, was den Gelehrten zufolge das beste manieristische Kunstwerk im ganzen Land ist. Entworfen wurde es von Giralte de Bruxelles, der damals in Spanien lebte, aber es waren auch andere Künstler daran beteiligt, darunter so berühmte wie Juan de Balmaseda oder Berruguete, obwohl letzterer offenbar nicht persönlich mitwirkte.

Von Berruguete stammt dagegen ohne jeden Zweifel der Cristo de Velarde, die eindrucksvolle Figur, die sich in der Kapelle gleichen Namens im rechten Seitenschiff befindet, gegenüber einer Grabinschrift zum Gedenken an die Ehefrau und die beiden Töchter eines gewissen Fernando de Galarza, »der sie beweint und ihnen dies zur Erinnerung widmet«. So steht es dort jedenfalls nach Aussage eines Mannes, der dem Reisenden zu Hilfe kommt, als er sieht, wie dieser die Inschrift zu entziffern versucht.

»Soll ich Ihnen die Kathedrale zeigen?«, fragt er und fügt zur Beruhigung schnell hinzu: »Ich verlange nichts dafür und nehme auch kein Trinkgeld.«

»Wie bitte?«

»Ich sage, ich verlange nichts und nehme auch kein Trinkgeld«, wiederholt der Mann laut und deutlich.

Er ist schon älter, trägt schlichte Kleidung und sieht ein bisschen aus wie ein Priester. Er ist aber keiner, versichert er. Auch kein Fremdenführer. Und kein Kunstlehrer. Er ist einfach nur, wie er erklärt, ein großer Liebhaber der Kathedrale, der diese den Touristen zeigt, damit sie nicht mit leeren Händen nach Hause gehen. Bei den meisten würde nämlich überhaupt nichts hängen bleiben.

»Und warum tun Sie das?«, fragt der Reisende, der immer noch nicht so ganz glaubt, dass nichts von ihm verlangt wird.

»Um den Menschen zu dienen«, antwortet der Mann ganz ernst.

Sei es nun Nächstenliebe oder seien es nicht ganz so reine Beweggründe, den Reisenden interessiert dieses Angebot jedenfalls. Nicht nur, weil es so spontan ist, sondern weil es ihn auch neugierig macht: Er hat das Gefühl, einen besonderen Menschen vor sich zu haben. So geht er also auf den Vorschlag ein und folgt dem Mann durch die Kirche, ohne sich weiter darum zu kümmern, ob der Altruismus, dessen dieser sich rühmt, falsch oder echt ist.

Und er wird es nicht bereuen. Der Mann, der sehr leise spricht, als sei er in der Messe, kennt die Kathedrale wie seine eigenen vier Wände. Nur deshalb kann er den Reisenden so hindurchführen, wie er es tut, denn es herrscht jetzt fast völlige Dunkelheit, vor allem im Chorumgang.

Dem Mann macht das nichts aus. Er kennt den Chorumgang in- und auswendig, ebenso wie die Kapellen, die sie sich alle anschauen, wobei sie immer wieder stehen bleiben, um etwas genauer in Augenschein zu nehmen oder etwas zu lesen. Der Mann kennt nicht nur die komplette Geschichte dieses Gotteshauses, sondern auch die der Stadt Oviedo.

»Sollen wir noch weitergehen?«

»Ja, sicher«, erwidert der Reisende begeistert.

»Ich frage bloß, weil manche Besucher irgendwann müde werden …«, entschuldigt sich der Mann für seine Frage.

Das ist gar nicht nötig. Der Reisende ist so angetan, dass er noch Stunden mit ihm weitergehen würde. Nicht nur durch die Kathedrale, sondern auch durch Oviedo, das sein spontaner Führer den Touristen anscheinend ebenfalls zeigt, wenn sie ihn darum bitten. Natürlich ohne etwas zu verlangen oder Trinkgeld zu nehmen, wie er immer wieder betont.

»Und was arbeiten Sie?«

»Ich bin schon in Rente«, antwortet der Mann ohne weitere Erklärungen.

Er ist recht reserviert, aber nur in privaten Dingen. Wenn es um die Kathedrale geht, sprudeln die Zahlen und Informationen nur so aus ihm heraus, so dass der Reisende gar nicht alles aufnehmen kann. Daten, Heilige, Einflüsse, Stile, Veränderungen, der Mann weiß einfach alles über dieses alte Bauwerk, in dem er, wie er sagt, Nachmittag für Nachmittag verbringt und das sich jedes Mal aufs neue wie eine Schatzkammer vor ihm öffnet. Der Reisende folgt ihm, so gut er kann, und versucht zu behalten, was er ihm erzählt. Doch es ist unmöglich. Er kann gar nicht so viele Informationen speichern, es sei denn, er hätte ein Tonbandgerät dabei, um alles aufzunehmen. Schließlich gibt er auf und beschließt, sich nur auf das Interessanteste zu konzentrieren. Zum Beispiel das Grabmal des Bischofs Juan Arias del Villar, das dieser im gotischen Stil der damaligen Zeit für sich bauen ließ, um dann doch nicht darin bestattet zu werden (anscheinend wurde er nach Segovia gebracht); oder das Portal, das zum Kreuzgang führt, ein Meisterstück spanisch-flämischer Bildhauerei von Juan de Badajoz dem Älteren, der auch den neuen Turm entwarf; oder die Capilla de Santa Eulalia mit ihrer barocken Kuppel und ihrem originellen Ziborium; oder auch die Capilla del Rey Casto, die größte der Kathedrale, die früher das Pantheon der Könige beherbergte, mit ihrem wunderschönen flämischen Portal von Juan de Malinas (zusammen mit der Cámara Santa und dem Altarretabel das beste in der ganzen Kathedrale) und dem westgotischen Grabmal, das seiner Inschrift zufolge einem Mann namens Itacio gehörte, dann aber offensichtlich zur letzten Ruhestätte irgendeines asturianischen Herrschers wurde. Und selbstverständlich die romanische Statue des Erlösers aus dem 11. Jahrhundert, die einst über dem Altar und der ganzen Kathedrale thronte, bis sie vom Retabel verdrängt wurde und ihren Platz an einem Pfeiler des Presbyteriums fand, wo Millionen von Pilgern auf ihrem Weg nach Santiago de Compostela bis heute vor ihr niederknien.

So viel zur Kunst. Aber dann ist da ja noch die Geschichte, von der diese Kathedrale auch einiges zu bieten hat. Sie war zum Beispiel eine der ersten, die in Spanien erbaut wurde. Aber eigentlich bevorzugt der Reisende ja die kleineren Geschichten, und die gibt es in diesem Gemäuer ebenfalls zuhauf, wie es sich für sein Alter gehört. Nur zwei Beispiele: die sogenannte Hidria, das Gefäß, das der Überlieferung nach bei der Hochzeit zu Kana benutzt wurde und das in einer Nische steht, die nur zweimal im Jahr für die Besucher geöffnet wird (am Tag des Heiligen Matthäus, des Schutzheiligen der Stadt, und wenn in der Predigt diese Stelle aus dem Evangelium vorgelesen wird), und die Figur des Melchor de Quirós, des ersten – und bislang einzigen – asturianischen Heiligen, dessen sterbliche Überreste von Tonkin, dem Ort seines Martyriums in Vietnam, nach Oviedo gebracht wurden. Aber das Außergewöhnlichste ist wahrscheinlich die Petrusfigur, die im Pantheon der Könige verehrt wird und deren Finger schon ganz abgegriffen sind, denn wenn man an dem Schlüssel dreht, den sie in der Hand hält, so der allgemeine Glaube, wird sie einem nach dem Tod die Himmelspforte öffnen oder einem helfen, einen Bräutigam zu finden, je nach Situation oder Interessenslage.

»Und wo haben Sie sich dieses ganze Wissen angeeignet?«, fragt der Reisenden seinen Führer, als sie an der Tür angekommen sind.

»Ich habe zugehört«, erwidert dieser lächelnd.

Er ist noch nicht fertig. Das Eingangsportal hat er ihm noch nicht gezeigt, und das muss er jetzt schnell nachholen. Es ist fünf vor sieben, und die Kathedrale schließt gleich.

Doch die Zeit reicht noch aus, um es zu betrachten: das Portal und die beiden Türme (den existierenden und den nicht existierenden, der identisch hätte werden sollen, dann aber ein Entwurf blieb) sowie die drei Türen, die alle vortrefflich gearbeitet sind. Insbesondere die mittlere, ein Meisterstück des Schnitzereihandwerks aus dem 18. Jahrhundert, zweiflügelig und mit religiösen und typisch asturianischen Landschaftsmotiven verziert: Wiesen, Kühe, Berge …

»Wunderschön«, sagt der Reisende zu seinem Führer, und schon ertönen über ihren Köpfen die sieben Glockenschläge.

Es ist Zeit, die Führung zu beenden und auf den Platz hinauszutreten. Und, im Falle des Reisenden, festzustellen, ob es stimmt, was sein spontaner Führer so oft wiederholt hat:

dass er kein Trinkgeld nimmt, sondern höchstens ein Dankeschön akzeptiert.

»Ich weiß ja, dass Sie kein Trinkgeld nehmen, aber ich möchte …«, versucht er es mit einem eindeutigen Griff in seine Jackentasche.

»Auf gar keinen Fall«, sagt der Mann gekränkt.

»Nicht mal einen Kaffee?«, fragt der Reisende.

»Einen Kaffee schon«, willigt der andere bescheiden ein und fragt, während er seinen Blick über den Platz wandern lässt: »Und wo?«

»Im Sevilla«, schlägt der Reisende vor.

»Im Sevilla?«, fragt der Mann verwundert.

»Das ist das Lokal, wo ich immer hingegangen bin, als ich hier studiert habe«, erklärt der Reisende wehmütig.

Der Mann mustert ihn von oben bis unten.

»Wann war das denn?«

»In den siebziger Jahren«, erwidert der Reisende nach kurzem Überlegen.

»Also dann habe ich Ihnen mehr als einen Kaffee serviert«, sagt der Mann und erzählt ihm unterwegs im bereits einsetzenden Regen, dass er zusammen mit seinem Bruder lange Zeit der Besitzer dieses Cafés war, bis sich beide zur Ruhe setzten, und dass ihnen immer noch die Räumlichkeiten gehören, die sie inzwischen vermietet haben.

»Was für ein Zufall!«, wundert sich der Reisende.

Aber das ist noch nicht alles an Zufällen. Als sie im Café ankommen, das sich im Vergleich zu früher ziemlich verändert hat (es stehen gerade mal drei Tische darin, und die Musik ist voll aufgedreht), fragt der Reisende den früheren Besitzer nach seinem Namen.

46

»Salvador.«

»Wie bitte?«

»Salvador.«

»Das kann nicht sein …«

»Doch, das kann sein«, erwidert der Mann lächelnd, als er das erstaunte Gesicht seines Gegenübers sieht.

»Jetzt wird mir alles klar«, meint der Reisende und zieht, nachdem er sich gesetzt hat, sein Notizbuch hervor, denn heute hat er viel aufzuschreiben.

Die Kathedrale aus Glas

Als der Reisende am nächsten Morgen aufwacht, ist er bereits in León, in der Wohnung seiner Eltern, wo er die Nacht verbracht hat.

Trotzdem weiß er im ersten Moment nicht, wo er sich befindet. Er hat nämlich nur knapp vier Stunden geschlafen, genug, um alles zu vergessen, aber weniger als er bräuchte. Vor allem nachdem er an ein und demselben Tag zweimal das Gebirge passiert hat: einmal von León nach Oviedo und einmal von Oviedo nach León.

Aber Hingabe ist Hingabe, und so steht er, obwohl er sehr spät schlafen gegangen ist, auf, frühstückt und macht sich eilig auf den Weg zur Kathedrale. Er will um neun Uhr dort sein, denn um diese Zeit, so hat man ihm gesagt, wird sie geöffnet.

Doch diese Auskunft stellt sich als falsch heraus. Um neun Uhr morgens ist die Kathedrale bereits seit einer Weile geöffnet, wie er an der Tür von Máximo Gómez Rascón erfährt, dem für das Museum verantwortlichen Domherrn, der gerade die Messe gehalten hat und erstaunt ist, den Reisenden, den er wiedererkennt, zu solch früher Stunde hier zu sehen.

»Wir öffnen um halb neun«, informiert er ihn, als wäre er der Vorsteher eines Büros.

Gewissermaßen ist er das auch. Don Máximo leitet nicht nur das Museum, das er selbst mit aufgebaut hat, und wacht über die Kunstschätze der Diözese, er ist auch der größte

Fürsprecher der Kathedrale, die er wie kaum einer kennt und erforscht hat. Schade, dass er gehen muss, doch er wird anscheinend im Amtssitz des Bischofs erwartet.

Der Reisende dagegen hat es nicht eilig. Sein Vorhaben, pünktlich zur Öffnungszeit da zu sein, ist gescheitert, aber ihm bleibt ja noch der ganze Tag für die Besichtigung. Am besten, so denkt er, während er die Kathedrale betrachtet, geht er jetzt noch einen Kaffee trinken, denn er ist immer noch ein bisschen schläfrig.

Den Kaffee trinkt er im León, am Anfang der Calle Ancha. Dieses historische Lokal, vielleicht das historischste der ganzen Straße, hat gerade seine Türen geöffnet, und außer den Besitzern hält sich lediglich ein Gast dort auf: ein Polizist, der vor einem Spielautomaten steht. Anscheinend kommt in dieser Stadt keiner früh aus dem Bett.

»Wozu auch?«, fragt der Besitzer, der den Reisenden seit dessen Jugend kennt.

Er meint die Stadt. Und ihre spärlichen beruflichen Aktivitäten. Wie schon seit Jahrhunderten ist León noch immer eine Stadt der Kaufleute, und die müssen ganz offensichtlich nicht früh aufstehen.

»Aber um halb zehn …!«, ruft der Reisende erstaunt.

Um halb zehn am Morgen oder besser gesagt um zehn, als er wieder zur Kathedrale zurückgeht, ist diese noch so verwaist wie zuvor. Nur zwei Touristen genießen den Anblick dieses in der Frühlingssonne immer intensiver erstrahlenden großen Gebildes aus Glas.

Bevor er hineingeht, wirft der Reisende noch einen Blick auf die Westfassade, die berühmteste, durch die man auch hineingeht, denn die anderen beiden sind verschlossen, die

Nordfassade durch den Kreuzgang und die Südfassade durch das herrliche Gitter, das sich um das gesamte Gebäude zieht und es von der Straße trennt. Die Westfassade mit den beiden gleich aussehenden, aber asymmetrischen Türmen (der eine ist höher als der andere) hat im Giebel eine wunderschöne Rosette und vier Fenster (eurythmische, wie es in den Büchern heißt), doch das Beste befindet sich unten: eine dreiteilige Portalanlage mit gotischen Skulpturen, die nach der Virgen Blanca benannt ist. In der Mitte ist eine Kopie von ihr zu sehen (die Originalfigur steht innen in einer Kapelle, um sie vor Erosionen zu schützen). Die drei Portale, die sich zu den drei Schiffen hin öffnen, weisen verschiedene Themen auf: Von Nord nach Süd sieht man Szenen aus dem Leben Christi und des Heiligen Johannes sowie Darstellungen des Jüngsten Gerichts und der Krönung der Jungfrau Maria. Darüber und dazwischen Apostel, Engel, Jungfrauen, Könige und, beim Jüngsten Gericht, im unteren Parthenon Verdammte, die lichterloh brennen oder wie Paprikawürste in großen Kesseln über dem ewigen Feuer sieden, während die Seligen dem Ganzen tatenlos zusehen. Wie unsolidarisch, denkt der Reisende, als er das betrachtet.

Doch er muss sich rügen. Er selbst nämlich geht achtlos an dem Bettler vorbei, der ihm um Almosen heischend die Hand entgegenstreckt. Er hat ihn nicht einmal wahrgenommen.

Doch man muss ihm dies nachsehen. Man muss sein Verhalten verstehen, das keinesfalls mit Gleichgültigkeit oder fehlendem Mitleid zu tun hat, sondern der Ergriffenheit geschuldet ist, die er verspürt, als er seinen Fuß wieder in diese

Kathedrale setzt, die für ihn weit mehr ist als eine einfache Kathedrale. Für ihn steht sie an erster Stelle, zeitlich und in Sachen Schönheit. Zeitlich, weil sie die erste ist, die er mit sechs, sieben Jahren gesehen hat, und in Sachen Schönheit, weil er sie tatsächlich für die schönste hält. Im Lauf seines Lebens hat er viele Kirchen gesehen, aber keine hat er als so schön empfunden wie diese Kathedrale, die mehr über dem Boden zu schweben scheint, als dass sie darauf steht, und die mit ihrem vielen bunten Glas an ein Kaleidoskop erinnert. Das kommt dem Reisenden jedenfalls in den Sinn, als er vom Eingangsportal aus erneut dieses Gebäude betrachtet, das sich an diesem Morgen einzig und allein ihm darbietet.

Im Inneren ist nämlich kein Mensch. Die Kathedrale ist so leer, dass man sogar das Pulsieren der Luft hören kann, und erst recht natürlich die Schritte des Reisenden, die auf den Steinplatten widerhallen, als wäre er ein Dieb, der einen heiligen Ort entweiht.

Der Reisende hatte sie nie so früh am Morgen gesehen. Auch nicht so leer wie jetzt. Er geht einmal ganz hindurch, und als er wieder zum Eingangsportal zurückkehrt, hat er außer den beiden jungen Frauen an der Museumskasse keine Menschenseele gesehen. Das Museum wurde gerade geöffnet, und noch ist kein Besucher erschienen.

Nach diesem ersten Rundgang (der ihm unter anderem dazu dient, sich an das Licht zu gewöhnen) kann sich der Reisende nun in aller Ruhe umsehen. Von niemandem gestört, kann er solange er möchte in den Schiffen und Kapellen verweilen und alle paar Schritte stehenbleiben, um die Fenster zu bewundern, diese endlose Folge von Glasbildern, die das gesamte Gebäude überziehen (von daher auch seine filigrane Erscheinung) und zu den schönsten Ensembles dieser Art auf der Welt zählen. Schade nur, dass der Reisende diesmal nicht, wie es ihm sein Vater einst zeigte, ihre Spiegelung im Weihwasserbecken am Eingang sehen kann, das den Frauen an der Museumskasse zufolge deshalb leer ist, damit die Drogenabhängigen nicht ihre Spritzen darin saubermachen.

»Das ist nicht wahr!«

»Fragen Sie den Küster«, antworten die beiden angesichts seiner Ungläubigkeit.

Siebenundfünfzig Rosen und Oculi, drei große Rosetten, einhundertfünfundzwanzig Fenster... Es ist eine derart schwelgerische Fülle von Glas (laut Reiseführer eintausendachthundert Quadratmeter), dass der Reisende gar nicht mehr weiß, wo er noch hinsehen soll, von wo aus er den besten Blick auf dieses endlose Spiel von Figuren und Farben hat, das das gesamte Gebäude beherrscht, von der Fassade bis zur Apsis. Man hat das Gefühl, sich in einem Traum zu befinden. Einem Traum, der immer phantastischer wird, je weiter der Blick über die Mauern gleitet, von unten nach oben, von einer Seite zur anderen, und dabei die Motive einer Ikonographie erkennt, die, wie die Welt in der Religion, in drei Stufen geteilt ist: unten die Pflanzen, in der Mitte das Tierreich und ganz oben das Übernatürliche oder Mystische. Also die berühmte religiöse Pyramide, die so ganz der Vorstellungswelt der Menschen des Mittelalters entsprach.

Die meisten Fenster stammen nämlich aus der Zeit, in der die Kathedrale erbaut wurde (also aus dem 13. Jahrhundert). Nach Aussage der Kunsthistoriker wurden sie von den besten spanischen und ausländischen Glasmalern der damaligen Zeit geschaffen, obwohl später wahrscheinlich auch weniger brillante an der Herstellung beteiligt waren. Die ältesten befinden sich vor allem im Gaden, vereinzelt aber auch an anderen Stellen. Sie zeigen Figuren aus dem Alten Testament, außer der sogenannten Vidriera de la cacería, ein Beispiel für profane Ikonographie, die in der sakralen Kunst des Mittelalters ein absolutes Novum darstellte, weshalb einige Experten glauben, dieses Fenster habe sich ursprünglich in einem Königspalast befunden, möglicherweise in dem von Alfons X.

Die Hände in den Taschen, schreitet der Reisende ganz langsam und immer wieder einen bewundernden Blick zurückwerfend die Fenster ab, die sich wie Buchseiten vor ihm auftun. Er ist trunken vom Licht, das sie erstrahlen lässt (das Licht Gottes, würde ein Gläubiger sagen), und von der Musik, die jetzt erklingt und die für diese Stimmung wie geschaffen ist. Als er beim Altar ankommt, setzt er sich, um seine Betrachtung fortzusetzen, auf eine Bank im Mittelschiff, in dem mittlerweile der eine oder andere Besucher zu sehen ist. Er schlägt den Reiseführer auf. Die Kathedrale, mit deren Bau offenbar ein gewisser Manrique de Lara im Jahre 1205 begann, wurde an der Stelle errichtet, wo zuvor die romanische Kathedrale gestanden hatte (deren Vorgänger wiederum ein Königspalast gewesen war, welchen man seinerseits auf römischen Thermen erbaut hatte), dem höchsten und erhabensten Ort der Stadt. Es handelt sich folglich um einen sehr geschichtsträchtigen Ort (dessen sich alle Invasoren bemächtigen wollten), der von Beginn an eng mit der Geschichte dieser alten Stadt verbunden war, einer Stadt, in der der Reisende auch einen Teil seiner eigenen Geschichte hat.

Doch seine eigene Geschichte ist kaum ein Seufzer im Vergleich zu jener der Kathedrale. Seit ihrer Vollendung hat die Kathedrale Santa María, oder auch Pulchra Leonina, wie etwas affektiertere Zeitgenossen sie nennen, so viel erlebt und gesehen, dass man dies unmöglich alles aufzählen kann. Der Reisende erinnert sich zum Beispiel noch an das Feuer, das sie 1966 (er war damals elf Jahre alt) fast zerstört hätte. Zuvor hatte sie jedoch bereits Erdbeben, Einstürze und diverse Attacken erlebt, unter denen der Steinfraß, der an ihren Mauern nagt und sie wie ein Stück Würfelzucker aufzulösen droht, nicht die harmloseste ist. Aber da war nicht nur Unheil. Im Laufe ihres Bestehens hat die Kathedrale von León natürlich auch freudigere Momente und glanzvolle Epochen erlebt. Letzteres zeigt sich an ihrer Architektur, die von großer Reinheit und Schönheit ist, aber auch an ihren für eine gotische Kathedrale beinahe einzigartigen Dimensionen.

Ihre Buntglasfenster sind schon beeindruckend (vor allem an einem Morgen wie diesem), doch nicht minder imposant ist das Ausmaß ihrer Schiffe, die eher dazu geschaffen scheinen, den Besucher emporschweben anstatt am Boden verharren zu lassen. Von außen verwandeln Türmchen, Fialen und Strebebogen die Kathedrale in einen Märchenwald (einen wunderbaren Wald aus Stein), doch von innen wirkt sie eher wie ein riesiger Lagerraum, mit Rosetten als Bullaugen. Im französischen Stil erbaut, nach dem gleichen Modell wie ihre Schwestern in Reims und Chartres, ist sie neben den Kathedralen von Toledo und Burgos das bedeutendste gotische Gebäude der Halbinsel, obwohl sie diese in einem Punkt noch übertrumpft: Sie besteht zu fast einem Viertel aus Glas, was sie noch schlanker und filigraner als die anderen macht. Das wiederum bildet einen Kontrast zu ihrer Größe und zur Höhe ihrer beiden Türme. Viereckig und spitz sieht der Reisende sie vor sich, wie Pfeile, die in den Himmel von León ragen, diesen blauen und klaren Himmel, der die Fenster zum Leuchten bringt und vor dem jetzt die Glocken ertönen, die elf Uhr schlagen.

Wo Teodorino wohl ist? Und Ico, der alte Glöckner, der sein Handwerk so liebte? Der Reisende lernte beide vor Jahren kennen, als er noch in dieser Stadt lebte und oft in die Kathedrale kam. Ico ist vor geraumer Zeit gestorben (und mit ihm sein altes Handwerk: heute läuten die Glocken mit Hilfe eines elektronischen Systems), aber Teodorino lebt noch und kommt, obwohl er bereits in Rente ist, von Zeit zu Zeit vorbei. Der Reisende hat ihn irgendwann einmal bei einem seiner früheren Besuche getroffen und sich noch an ihn erinnert.

Sein Nachfolger kennt ihn jedoch nicht und legt auch keinen gesteigerten Wert darauf, ihn kennenzulernen. Der Mann, der an diesem Morgen sehr viel Arbeit zu haben scheint, bleibt kaum stehen, als der Reisende ihn an der Tür der Sakristei nach Teodorino fragt.

»Der lebt noch. Klar lebt der noch«, sagt er ohne große Begeisterung.

»Und kommt er noch manchmal hierher?«

»Wenn er Lust dazu hat«, erwidert der Mann, und lässt den Reisenden einfach stehen, um ins Presbyterium zu gehen.

Ohne sich über diese Abfertigung sonderlich zu wundern (er kennt schließlich seine Leute), setzt er seine Runde durch die Kathedrale fort, um sich den Chorumgang anzusehen, wo sich die meisten Kapellen befinden. Sie sind alle geöffnet außer derjenigen, in der die Virgen Blanca steht. Durch das Gitter hindurch überstrahlt die Figur jedoch die ihr benachbarten Skulpturen, unter denen sich auch sehr schöne befinden, wie zum Beispiel der Kalvarienberg von Valmaseda oder die spanisch-flämische Krippe aus dem 15. Jahrhundert in der Capilla del Nacimiento. Sie überstrahlt sogar die Puerta del Cardo, so genannt wegen ihres Distelmotivs, die Sakristei und Altarraum miteinander verbindet. Diese Tür, ein Werk von Juan de Badajoz dem Älteren, weist, ebenso wie die Rückwand des *Coro* und ein Teil des Kreuzgangs, eine Kombination von Mudéjar- und gotischen Elementen auf und ist in den Augen der Experten eine der besten dekorativen Arbeiten der Kathedrale.

Der Reisende findet jedoch an anderem noch größeren Gefallen. Zum Beispiel am Altarretabel, obwohl dieses rekonstruiert ist (vom Original existieren nur noch fünf Tafeln, und auch die sind nicht mehr ganz erhalten). Oder am Schrein mit den sterblichen Überresten des Heiligen Froilán, ehemals Bischof von León und später von Lugo, der vor dem Altar steht und in der Dunkelheit wie eine silberne Barke blitzt. Und natürlich auch an der Reihe von Grabmälern in den Wänden der Schiffe und Kapellen, die den Besucher an die Vergänglichkeit des Lebens erinnern und die zusammen mit den Fenstern die wahren Schätze dieser Kathedrale sind. Die der Bischöfe Martín Fernández und Martín Rodríguez el Zamorano, beide im gotischen Stil des

13. Jahrhunderts, sind die schönsten von allen, doch das monumentalste ist, wie sollte es anders sein, das von Ordoño II., dem König, der seinen Palast für den Bau der Kathedrale zur Verfügung stellte, und der deshalb hier ruht und nicht in der Colegiata de San Isidoro wie die anderen Könige von León. Es befindet sich im Chorumgang, gegenüber der Virgen Blanca.

Auch die Dombibliothek, heute die Capilla de la Virgen del Camino, verdient einen Blick, und sei es nur wegen ihrer Tür und der spätgotischen Reliefs. Das gleiche gilt für die Kapelle daneben, die zum Kreuzgang führt, und auch für den *Coro* sowie für den unteren Teil der beiden Türme, wo sich jeweils eine Kapelle befindet, die Capilla de Santa Lucía und die Capilla de San Juan der Regla (erstere vor allem wegen des dort stehenden Taufbeckens). Doch nach fast zwei Stunden wird der Reisende allmählich müde. Er hat das Bedürfnis die Kathedrale zu verlassen, um das Gesehene zu verarbeiten und in die Realität zurückzukehren, und sei es nur für ein paar Minuten.

Das tut er dann auch und er ist froh darüber. Der Platz strahlt so herrlich in der Mittagssonne, dass er mit dieser fast zu wetteifern scheint. Vor allem jetzt, da die Sonne ganz hoch am Himmel steht und mit all ihrer Kraft auf die Passanten und die Rentner auf ihren Bänken herabscheint. Die Kraft ist der Jahreszeit entsprechend jedoch noch gut auszuhalten, immerhin ist erst der 2. April.

Die Stadt ist inzwischen hellwach. Sie pulsiert im Auf und Ab ihrer Bewohner und der zahlreichen Touristen, die sie heute besuchen und die früher oder später in der Kathedrale zusammenströmen werden. Die Frau vom Tourismusbüro gegenüber scheint allerdings nicht so guter Stimmung zu sein. Sie empfängt die Besucher mit strenger Miene und notiert mit dem Interesse eines Beamten ihre Herkunft. Aber der Reisende kennt ja den speziellen Charakter seiner Leute.

»Von wo sind Sie?«

»Aus León.«

»Wie, aus León?«, fragt die Frau mit argwöhnischem Blick.

»Na, aus León eben … Ich bin in der Provinz León geboren, in einem kleinen Ort«, erwidert der Reisende verwundert.

»Ach so!« Die Frau hebt ihren Stift vom Papier. »Dann sind Sie kein Tourist.«

»Na ja …, das kommt drauf an«, wagt der Reisende einen kleinen Einwand.

»Wenn Sie aus León sind, sind Sie kein Tourist«, belehrt ihn die Frau mit Nachdruck. »Und wenn Sie kein Tourist sind, brauche ich Sie auch nicht aufzuschreiben«, fügt sie hinzu und wendet sich den Nächsten zu, die richtige Touristen sind (aus Buenos Aires, um genau zu sein).

Doch weil er die Leoneser eben kennt, ist der Reisende nicht beleidigt. Nachdem er ein paar Prospekte eingesteckt hat, tritt er wieder auf den Platz hinaus.

»Auf Wiedersehen«, ruft er dem weiblichen Zerberus zu, der nicht mal den Kopf hebt.

Derjenige, der dann den Kopf hebt, aber gezwungenermaßen, ist er selbst. Um die Kathedrale in ihrer vollen Größe sehen zu können, mit ihren Türmen, ihren Spitzen und ihren Fialen (auf denen fast überall ein Storch sitzt), muss man sich nicht nur etwas entfernen, sondern auch den Kopf heben, als wolle man in den Himmel schauen. Diese Kathedrale ist nämlich so hoch, dass sie weniger in den Himmel zu ragen als vielmehr direkt auf ihn gemalt scheint. Vor allem an diesem Morgen, an dem der Himmel so blau ist, dass er ebenfalls wie gemalt aussieht.

Wie gemalt wirkt auch das Portal, das der Reisende jetzt aus der Nähe betrachtet. Es ist das Südportal, wegen der dort befindlichen Skulptur auch Puerta de San Froilán genannt, gegenüber dem Amtssitz des Bischofs und dem Priesterseminar. Es handelt sich wie beim Westportal um eine dreiteilige Anlage mit reichem Figurenschmuck, darunter eine Szene aus der Apokalypse, die aus dem 13. Jahrhundert stammt. Noch malerischer als das Portal selbst ist jedoch die Uhr, die auf dem gleichnamigen Turm prangt (der andere Turm hat seinen Namen von den Glocken) und die, nachdem sie vor kurzem in der Schweiz restauriert wurde, mit ihrem elektrisierenden Blau auf dem ockerfarbenen Stein blitzt, über einem Schild, auf dem die Höhe vermerkt ist: *839,6 Meter über dem Meeresspiegel.*

In der Kathedrale verflüchtigt sich die Höhe jedoch, ebenso wie die Realität. Der Reisende, der wieder hineingegangen ist (es ist kurz vor eins), taucht erneut in diesen Traum ein, der jetzt noch schöner ist. Allerdings sind jetzt auch mehr Leute da; Dutzende von Besuchern laufen überall herum und betrachten die herrlichen Fenster, an denen sich der Reisende gar nicht satt sehen kann. Jedesmal, wenn er sie betrachtet, scheinen sie ihm verändert.

»Was für eine Pracht, nicht wahr?«

Wer ihn da anspricht, ist kein Engel. Es ist ein Mensch wie er, ein Mann, der sich in Begleitung eines jungen Mädchens ebenfalls die Fenster ansieht und ihn angesprochen hat, weil er ihn kennt, wie er sagt. Er hat aber Verständnis dafür, dass der Reisende sich nicht an ihn erinnert.

»Leider nein«, bekennt dieser ganz ehrlich.

Aber das macht nichts. Der Mann, der nichts anderes erwartet hat, meint, er habe ihn nur begrüßen und ihm seine Tochter vorstellen wollen – das Mädchen, das er bei sich hat.

Die Tochter, um die fünfzehn, schaut den Reisenden desinteressiert an. Sie hat diesen Überdruss im Blick, mit dem Halbwüchsige gewöhnlich die Erwachsenen anschauen. Bei dem Mädchen ist dieser besonders ausgeprägt, denn sie ist gezwungenermaßen hierher gekommen, im Schlepptau ihres Vaters, der ihr unbedingt die Kathedrale zeigen wollte. Anscheinend leben sie in einem Dorf und sind zum Einkaufen nach León gekommen.

Mehr um dem Vater zu helfen als wegen des Mädchens bietet sich der Reisende als Führer an. Dabei erinnert er sich an seinen Führer, der ihn als kleinen Jungen herbrachte, und denkt, dass es diesem gefallen würde, wenn er jetzt sehen könnte, wie er dieses Mädchen herumführt, auch wenn sie kein besonderes Interesse an den Tag legt.

Nebenbei nutzt er die Gelegenheit, sich noch das anzuschauen, wozu er bisher nicht gekommen ist. Insbesondere den *Coro*, neben den Fenstern und den Grabmälern ein weiteres Juwel dieser Kathedrale. Es ist ein Prachtstück aus Nussbaum (im 15. Jahrhundert von den Meistern Enrique und Juan de Malinas geschaffen und später von Copín de Holanda vollendet), mit sechsundsiebzig Sitzen, einschließlich derjenigen des Königs und des Bischofs, alle mit aufwendig gearbeiteten Miserikordien, Armlehnen und Baldachinen. Das Mädchen interessiert sich allerdings ausschließlich (man braucht nur ihr Gesicht zu sehen) für die Geschichte mit dem Maulwurf, dessen Fell an einer Wand über dem Eingangsportal hängt (eigentlich ist es ein Schildkrötenpanzer) und der nach der Legende während der Bauzeit der Kathedale nachts immer die frisch gemauerten Fundamente der Kathedrale zerstörte.

Um punkt halb zwei wird die Kathedrale für die Mittagszeit geschlossen. Auf dem Platz laufen die Leute auseinander (die Touristen, um sich das Gebäude weiter von draußen anzusehen, während sich der Küster und die Angestellten auf den Heimweg machen), und der Reisende verabschiedet sich von Vater und Tochter, die ihm noch überschwänglich danken, und geht ebenfalls nach Hause, wo ihn seine Familie zum Essen erwartet. Doch vorher macht er selbstverständlich noch einen kurzen Abstecher ins Barrio Húmedo, das Kneipenviertel, um der Tradition Genüge zu tun und um dort den einen oder anderen Wein zu trinken, wie es die Leoneser jeden Tag tun, manche mittags und abends, und wie auch er es gerne tut, wenn er in der Stadt ist. Ein Glas genehmigt er sich im Miche, einer alteingesessenen Kneipe an der Plaza de las Tiendas im Herzen des Viertels, ein weiteres in der Casa Benito, der ältesten in dieser Ecke, die ein wenig versteckt unter den Arkaden der Plaza Mayor liegt. Alfredo, der Besitzer, empfängt ihn auf seinen Gruß hin freundlich wie immer:

»Guten Tag.«

»Ach, die alte Plag'.«

Es geht Alfredo nur um den Reim, den er gerne mit seiner alten Wirtshausweisheit bemüht. Einer Weisheit, die sich nicht nur auf den Wein erstreckt, sondern auch auf viele andere Themen, einige davon so komplex und strittig wie der Fußball. Aber Alfredo weiß Bescheid. Der beste Fußballspieler, den Spanien je hatte, behauptet er, war César, ein Leoneser, der zur gleichen Zeit beim FC Barcelona Siege einfuhr wie Di Stefano bei Real Madrid.

»Noch besser als Di Stefano?«

»Noch besser«, sagt Alfredo voller Überzeugung und wirft einen wehmütigen Blick auf das Bild des Fußballspielers an der Wand. »César war eben von hier.«

»Ja sicher«, erwidert der Reisende und trinkt aus.

Während er zu Mittag isst (und anschließend ein Schläfchen macht, allerdings ohne sich hinzulegen), schlägt das Wetter um. Wie bereits gestern in Oviedo ziehen immer mehr Wolken auf, und um fünf Uhr ist der Himmel fast ganz bedeckt. Außerdem ist es kalt geworden. Als der Reisende noch etwas benommen vom Mittagsschlaf das Haus verlässt, spürt er die Kälte im Gesicht. Wie hart diese Stadt doch ist! Wie schön aber auch! Der Reisende weiß das zwar bereits, stellt es aber aufs neue fest, während er durch ihre alten Straßen zur Kathedrale spaziert, die immer mehr über den umliegenden Häusern und Dächern herausragt. Nicht umsonst ist sie das höchste und gleichzeitig das am höchsten gelegene Gebäude der Stadt.

Von jeder Ecke aus kann man sie in ihrer ganzen Größe sehen, vor allem abends, wenn sie beleuchtet ist. Von der Calle Ancha, von der Calle Mariano Domínguez Berrueta (im Volksmund Calle Nueva), von der kleinen Plaza de Puerta Obispo oder auch von der Carretera de los Cubos (der Name bezieht sich auf die Wehrtürme der Stadtmauer), die an ihr entlangführt, inzwischen aber für den Verkehr gesperrt ist, von überall kann man die Kathedrale dank ihrer Größe fast vollständig sehen. Nur an der Nordseite, wo ihre Strebepfeiler bis an die Stadtmauer heranreichen (die teilweise für den Bau der Apsis weichen musste), stehen die Häuser so nah, dass der untere Teil nicht sichtbar ist. Doch der Reisende bevorzugt ohnehin eine andere Perspektive, eine, die zwar nicht die berühmteste, für ihn aber die schönste ist: die von Osten, auf die Apsis, im Vordergrund die kleine Kirche San Pedro de los Huertos und dahinter der monumentale Steinwald, gekrönt von den beiden Turmspitzen, die wie Nadeln in den Himmel zu bohren drohen.

Dieser ist inzwischen ganz bewölkt. Der Reisende sieht das bereits auf dem Weg zur Kathedrale, noch deutlicher aber, als er hineingeht: Von der Rückwand des *Coro* aus ist der Altar kaum zu erkennen und noch weniger die Leute, die sich dort aufhalten und die größtenteils zum Personal der Kathedrale gehören. Anscheinend treffen sie Vorbereitungen für die Messe, die später stattfinden wird.

Aber das kümmert den Reisenden nicht weiter. Er hat die Kathedrale jetzt gesehen und ist in seinem Leben ohnehin schon oft darin herumgelaufen (zuletzt an diesem Morgen), und als nächstes will er sich unbedingt etwas anschauen, was außerhalb ihrer Schiffe liegt: das Museum und den Kreuzgang.

Ersteres befindet sich in letzterem. Wenn man beide sehen möchte, muss man eine Eintrittskarte kaufen und warten, bis in den Augen der Führerin genügend Besucher für die Besichtigung zusammengekommen sind. Glücklicherweise müssen das nicht viele sein: ein halbes Dutzend Kandidaten genügen ihr.

»Guten Tag.«

»Guten Tag.«

Als erstes zeigt sie der Gruppe das Nordportal. Es ist das Portal, das zum Kreuzgang führt, und das einzige, dessen Farben noch völlig intakt sind (weil es durch den Kreuzgang geschützt ist). Es handelt sich um ein Spätwerk von León Picardo, denn es stammt aus dem frühen 14. Jahrhundert. Was seiner Bedeutung keinen Abbruch tut, vor allem angesichts der pittoresken Virgen del Dado, die ihm seinen Namen gibt.

Der Kreuzgang ist schon an sich ein Museum. Nicht nur wegen seiner Architektur, die den Übergang von Gotik zu Renaissance zeigt und den früheren romanischen Stil ablöste, sondern auch wegen der vielen Steine, die es hier überall gibt. Einige haben ihren festen Platz, wie das Grabmal des Domherrn Juan de Grajal mit seinem berühmten Epitaph (»Oh du, wer immer du sein mögest, der du hier vorbeigehst und diese armselige Marmorfläche betrachtest, sieh nur, wohin der vergängliche Glanz dieser Welt uns führt!«), andere sind vorübergehend hier abgelegt. Von architektonischen Abfällen irgendeiner früheren Restaurierung bis zu Skulpturen jeglicher Art, von irgendeinem steinernen Retabel bis zu römischen Grabsteinen. Alles geordnet und katalogisiert, aber den Unbilden der Witterung ausgesetzt. Es gebe eben sonst keinen Platz, meint die Führerin.

Das Museum ist dagegen besser geschützt. Es erstreckt sich über mehrere Räume und ist nach Themen geordnet (Bildhauerei, Malerei, Ornamentik, Dokumente), aber auch nach den verschiedenen Materialien (Stein, Holz, Edelmetalle), und als weiterer Reiz bezieht es die architektonischen Elemente seiner Räumlichkeiten in den Besichtigungsgang mit ein. Vor allem den Kreuzgang und den Kapitelsaal, zu dem eine Treppe im reinsten Platereskenstil führt, ein Werk von Juan de Badajoz dem Jüngeren, wie die Museumsführerin erklärt.

Der Reisende notiert sich nur die interessantesten der äußerst kostbaren Exponate: die Bibel aus dem 10. Jahrhundert, das mozarabische Antiphonale aus dem 11. Jahrhundert, das sogenannte Libro de las Estampas aus dem 12. Jahrhundert (mit Porträts und Dokumenten der Könige, die zum Bau der Kathedrale beitrugen), das leonesische Messbuch aus dem 15. Jahrhundert, das Positiv aus dem 16. Jahrhundert, der Schrank im Mudéjar-Stil aus dem 14. Jahrhundert, die große Ratsche aus dem 17. Jahrhundert, die Steinskulpturen in dem nach ihnen benannten Raum (viele davon stammen aus der romanischen Kathedrale) und, zu guter Letzt, die herrliche Sammlung gotischer und romanischer Skulpturen aus der ganzen Provinz, viele aus den Dörfern, die unter den in León angelegten Stauseen verschwunden sind. Eins davon war das Dorf des Reisenden, der, als er die Treppe hinaufsteigt, an einer Wand plötzlich etwas entdeckt, keine Marienfigur, auch keine große gotische Skulptur (so etwas hat es in seinem Dorf nie gegeben), nein, das Altarantependium der kleinen Kirche, in der er getauft wurde.

Paradoxerweise ist der dürftigste Teil des Museums der Kirchenschatz. Er befindet sich in einem kleinen Raum ganz am Ende und besteht lediglich aus ein paar Skulpturen und Gemälden sowie der einen oder anderen Goldschmiedearbeit. Der Grund für diese Spärlichkeit liegt offenbar in der Großzügigkeit der Leoneser, die, wie die Führerin erklärt, den Kirchenschatz zur Verfügung stellten, um während des Unabhängigkeitskriegs die spanischen Truppen in ihrem Kampf gegen die Franzosen zu unterstützen.

»Da sage noch mal einer was gegen die Leoneser ...«, bemerkt der Reisende augenzwinkernd.

Um fünf vor sieben durchqueren die Besucher noch einmal den Kreuzgang. Die Führerin verabschiedet sie an der Tür, und die kleine Gruppe löst sich auf, um sich zum Ausgang zu begeben, wohin bereits der Küster zeigt, der überall die Lichter ausmacht und sich vergewissert, dass auch niemand zurückbleibt. In der Dunkelheit wirkt der Mann wie eine Figur aus einem Gruselfilm, mit seinem klappernden Schlüsselbund und seinen dumpfen Schritten. Trotzdem nutzt der Reisende diese letzten Augenblicke, um noch schnell einen Blick ins Weihwasserbecken zu werfen, das ja wegen der Drogenabhängigen jetzt leer ist. Er hofft, dass es doch wieder gefüllt ist und er sehen kann, wie sich die Fenster im Weihwasser spiegeln, so wie es ihm sein Vater einst zeigte, und für einen kurzen Moment, sei es wegen dieser Erinnerung oder weil kein Licht mehr da ist, glaubt er, das tatsächlich zu sehen, ja, er sieht sich in der vielfarbigen zitternden Transparenz sogar selbst hinter den Fenstern auftauchen, mit dem Gesicht, das er als kleiner Junge hatte.

»Wir schließen«, hört er hinter sich.

»Entschuldigung«, sagt er und kehrt wieder in die Realität zurück.

Der Stein von Salamanca

Der Morgen ist kalt in Zamora. Kalt und bewölkt, als wäre der Winter zurückgekehrt.

Doch es ist bereits Frühling, Frühling auf der Meseta, und man kann seine Vorboten schon auf den Feldern sehen, zwischen denen die Straße nach Salamanca verläuft.

Es ist die sogenannte Tierra del Vino, eine Weinregion, in der auch Getreide angebaut wird, mit alten Dörfern, deren Häuser aus Lehmziegeln gebaut sind (Corrales, Cubo del Vino …) und die jetzt halb verlassen wirken, ebenso wie die umliegenden Felder. Nur der eine oder andere Traktor begegnet dem Reisenden hier.

Nach vierzig Minuten taucht Salamanca auf. Die Stadt, die zumindest aus der Entfernung so aussieht, als sei sie ganz aus Stein, lässt bereits von weitem ihre große historische Bedeutung erkennen. Ein wahrer Wald aus Türmen und monumentalen Gebäuden umgibt das gewaltige Schiff, das in ihrer Mitte thront und das der Stadt ihre unverkennbare Silhouette verleiht. Es ist die Farbe des Steins, ein leichter Rosa-Ton, und die Kathedrale selbst, dieses mächtige Schiff mit seinem Tauwerk, seinen Segeln und seinen Hintermasten.

Dorthin steuert der Reisende nun über Straßen und Plätze hinweg, unter einem bleiernen Himmel, der nach wie vor Regen verheißt. Sicherheitshalber haben viele Leute einen Schirm dabei, was die winterliche Stimmung dieses Tages noch verstärkt. Es scheint eher Januar zu sein als April.

»Das kann man wohl sagen«, meint der Rezeptionist im Byblos, einem modernen Hotel, in dem der Reisende nach langer Suche gelandet ist. Salamanca ist in diesem Jahr Europäische Kulturhauptstadt und feiert das offensichtlich mit Hunderten von Veranstaltungen und Ausstellungen, weshalb die sonst schon vollen Hotels und Pensionen jeden Tag ausgebucht sind.

Als er wieder auf die Straße hinaustritt, fängt es gerade an zu regnen. Die Leute spannen ihre Schirme auf und gehen jetzt etwas schneller über die Bürgersteige und durch die Straßen, die zum Zentrum führen und die allesamt autofrei sind. Auf dem Weg zur Kathedrale beschleunigt auch der Reisende, der weder Regenmantel noch Schirm dabei hat, seinen Schritt und streift ohne stehenzubleiben mit seinem Blick die Gebäude und Geschäfte, die ihn unter anderen Umständen zweifellos zu genauerem Hinsehen veranlasst hätten. Der Regen und die knappe Zeit zwingen ihn, weiterzugehen und sich den Rest der Stadt für ein andermal aufzuheben. Im übrigen kennt er Salamanca ganz gut, denn er hat die Stadt schon oft besucht.

Diesmal ist er aus zwei Gründen hier. Zum einen kommt er als Besucher, um sich die Kathedralen anzusehen, und zum anderen hat er beruflich hier zu tun, denn er wird später erzählen, was er gesehen hat. Genau das ist nämlich das Ziel des Reisenden: zu reisen und von seiner Reise zu erzählen, auch wenn das außer ihn niemanden interessiert.

Es stimmt, wenn er sagt: die Kathedralen. Denn diese Stadt nennt nicht nur eine Kathedrale, sondern gleich zwei ihr eigen, als hätte sie nicht genug mit den Hunderten von sakralen und profanen Bauwerken, die sie zieren. Das ist nicht auf Habsucht zurückzuführen, nein, hier war einfach nur das Glück den Salmantinern hold. Wie man nachlesen kann (und bei der Besichtigung dann auch selbst sieht), blieb die alte Kathedrale davon verschont, unter der neuen unterzugehen – wie dies an so vielen anderen Orten geschah. Die Bauarbeiten an letzterer zogen sich nämlich so lange hin, dass erstere als Ort für den Gottesdienst erhalten werden musste. So wurde sie also begnadigt.

Zum Glück. Denn die beiden Kathedralen von Salamanca, die romanische und die gotische, sind ein deutliches Beispiel dafür, dass Schönheit nichts mit Prunk zu tun hat. Die beiden Gotteshäuser stehen zwar so dicht beieinander, als wären sie eins, doch man sieht sofort, dass man sie einzeln betrachten muss. Angesichts der Größe der neuen Kathedrale gestaltet sich dies von außen etwas schwierig, von innen aber ist es einfach, denn da sind beide trotz einer gemeinsamen Wand voneinander getrennt.

In die alte Kathedrale gelangt man allerdings nur durch die neue, außerdem muss man drei Euro Eintritt bezahlen. Das ist nur für die alte Kathedrale, wie der Aufseher erklärt, der zusammen mit einem Kollegen ein wachsames Auge auf die Warteschlange hat.

»Und wenn man zur Messe will?«, provoziert ihn der Reisende.

»Es gibt dort keine«, klärt ihn der Mann mit ernster Miene auf, nachdem er überprüft hat, ob er auch wirklich im Besitz einer Karte ist. »Die Messe findet nur hier statt, und sie war schon heute Morgen.«

»Schade!«, meint der Reisende mit gespieltem Bedauern. Auch wenn das Bedauern echt wäre, würde es sofort verschwinden, denn hinter der Tür (und der Treppe, die das Gefälle zwischen der etwas tiefer liegenden alten und der neuen Kathedrale ausgleicht) öffnet sich ein Raum, der aufgrund seiner Schönheit jedes Eintrittsgeld rechtfertigen würde. Nur schade, dass so viele Leute hier sind, die die Stille dieses Ortes nicht respektieren.

Die Stimmung in der alten Kathedrale von Salamanca gleicht nämlich der eines Volksfests. Im Gegensatz zur neuen, wo man kaum Besucher sah, ist sie voller Touristen, die sich in Gruppen um ihre jeweiligen Führer scharen. Diese wiederum erzählen in allen möglichen Sprachen von ihr und lassen den ganzen Ort damit wie ein Museum wirken. Und in ein solches hat die Kathedrale sich offenbar auch verwandelt, nachdem hier keine Messe mehr gelesen wird.

Doch das rechtfertigt nicht, dass sie zum Ort für ein Volksfest wird, und auch nicht, dass sich die Leute an allen Ecken um ihre Führer scharen, denen sie nicht mal zuhören. So gut es geht, bahnt der Reisende sich einen Weg zwischen ihnen hindurch, spitzt hier und da die Ohren, um zu hören, was so gesagt wird, und sucht auf eigene Faust den Weg durch die Geschichte und die Architektur dieses romanischen Gotteshauses; ein Weg, der ihn ins 12. Jahrhundert zurückführt, als die Bauarbeiten begannen, nachdem Salamanca endgültig von den Arabern zurückerobert worden war (es hatte bereits vorher zwei Rückeroberungen gegeben), und zwar konkret mit der Capilla de San Martín, auch Ölkapelle genannt, weil sie einst als Aufbewahrungsort dieses edlen liturgischen Stoffes diente. Sie befindet sich im unteren Teil des Glockenturms und ist sozusagen die Keimzelle der Kathedrale. Was nicht verwundert angesichts ihrer sensationellen Wandmalereien aus dem 13. Jahrhundert, der ersten in ganz Spanien, die signiert sind (von einem gewissen Antón Sánchez de Segovia im Jahr 1262) und die verschiedene Szenen aus der Bibel sowie einen Pantokrator zeigen (dieser ist etwas späteren Datums). Aber auch die beiden polychromen Grabmäler, von denen das linke Bischof Pedro Pérez, dem Stifter der Kapelle, gehört und das gegenüber seinem Kollegen Rodrigo Díaz, der ein Jahrhundert später starb und unter einem bemalten Bogen ruht, auf dem die Anbetung der Könige und andere Szenen aus dem Evangelium sowie die zwei bereits miteinander verbundenen Wappen der Königreiche Kastilien und León zu sehen sind, tragen zu diesem Eindruck bei.

Von der Tür der Kapelle aus hat man die Kathedrale vor sich, genauer gesagt, das linke Seitenschiff, das deutlich verkürzt ist durch die Wand, die alte und neue Kathedrale miteinander teilen. Eine respektlose Konstruktion, durch die das Querschiff und ein Teil von dessen Apsis beschnitten wurde, die Hauptapsis jedoch glücklicherweise verschont blieb.

Diese alte Kathedrale, die wie so viele andere im romanischen Stil begonnen und später im gotischen weitergebaut wurde, hat etliche Elemente ihres ursprünglichen Geistes bewahrt, sowohl in der Architektur als auch in der Ornamentik. Die Vierungskuppel (Torre del Gallo genannt, weil sie wie ein Turm aussieht und wegen des Hahns, der auf ihrem an Zamora erinnernden schuppenförmigen Dach thront) ist zum Beispiel noch romanisch, ebenso wie die Fenster und die Rippengewölbe des Querschiffs (des noch

71

erhaltenen Arms). Romanisch oder zumindest romanisch-gotisch sind auch zahlreiche Kapitelle des Mittelschiffs und des rechten Seitenschiffs (die Kapitelle, die es vielleicht mal im linken Seitenschiff gab, sind dessen Amputation zum Opfer gefallen) sowie einige des Querschiffs. Die Leute richten ihr Augenmerk aber verständlicherweise mehr auf die zahlreichen Grabmäler und auf den Hauptaltar mit seinem Retabel.

Man kann es ihnen nicht verdenken. Die Grabmäler, acht oder zehn an der Zahl, die sich in der ganzen Kirche verteilen, sind wirklich bemerkenswert, vor allem die im Presbyterium (in denen offenbar ein unehelicher Sohn Alfons' IX., ein Offizial und zwei Bischöfe ruhen, von denen einer das Retabel finanzierte) und die vier im Querschiff – alle aus dem 13., 14. und 15. Jahrhundert und alle bemalt –, und ebenso beeindruckend ist das Retabel aus dem 15. Jahrhundert, das laut Reiseführer ein Werk der »Brüder Nicolás Florentino und Dello Delli« ist, wobei einige Kunsthistoriker behaupten, dies seien die Namen ein und desselben Künstlers. Aber ob es nun zwei sind oder einer, dieses Retabel ist in jedem Fall spektakulär, mit seinen vielen Tafeln und der über allem thronenden Szene des Jüngsten Gerichts, die direkt auf das Apsisgewölbe gemalt ist. Der Reisende lauscht einem Führer, der gerade darüber spricht:

»Dieses Retabel ist das Werk von Nicolás Florentino, einem der bedeutendsten Vertreter der italienischen Renaissance-Malerei. Es ist allerdings noch gotisch. Angefertigt wurde es um 1450, also vor über fünfhundert Jahren« – allgemeines Staunen in der Gruppe – »und es besteht aus dreiundfünfzig bemalten Tafeln von je etwa einem Meter Höhe, eine für jede Woche des Schaltjahrs, die in fünf Reihen zu jeweils elf angeordnet sind, mit Ausnahme der beiden unteren, die zehn Tafeln aufweisen. Sie zeigen Szenen aus dem Leben der Jungfrau Maria und Jesu Christi ... Das Bild ganz oben ist, wie Sie sehen können, direkt auf das Mauerwerk gemalt« – die Leute recken jetzt die Köpfe – »und stellt das Jüngste Gericht dar. Es ist bereits der Renaissance zuzuordnen ... Doch das bedeutendste Stück«, beendet der Führer seinen Vortrag und zeigt auf die Nische ganz unten, »ist die Virgen de la Vega, die Schutzpatronin von Salamanca, die aus einem Kloster am Ufer des Tormes stammt. Sie ist romanisch, aus der Mitte des 12. Jahrhunderts, und aus mit Bronze verkleidetem Holz gefertigt ...«

Der Führer geht mit seiner Gruppe im Schlepptau in Richtung Querschiff weiter, und der Reisende steht jetzt allein im Presbyterium. Er betrachtet in Ruhe den Altar, die Grabmäler, von denen eins schöner und anrührender ist als das andere, und die Orgel links vom Altar, die, wie er entdeckt, keine andere ist als die des berühmten Organisten Francisco de Salinas, der einst Fray Luis de León zu seinen nicht weniger berühmten Versen inspirierte: »Wie heiter, wie klar / und jugendschön und licht, was uns umringt / Salinas, wunderbar / wenn die Musik erklingt / von deiner kunsterfahrnen Hand beschwingt ...«.

Das Portal des Querschiffs (des noch erhaltenen Arms) führt zum Kreuzgang, mit dem sich der riesige Kirchenkomplex fortsetzt. Es stammt aus dem 12. Jahrhundert und ist das einzige noch erhaltene des ursprünglichen romanischen Kreuzgangs, der bei dem zu trauriger Berühmtheit gelangten Erdbeben von Lissabon bis auf ein paar Bogen offenbar völlig zerstört wurde. Was das Portal aber nicht davor bewahrt hat, dass über ihm (über seinen Rundfenstern aus durchbrochenem Maßwerk und den beiden kannelierten Säulen) ein paar hässliche Kabel verlaufen. Hätte es dafür keinen anderen Platz gegeben?

Der Kreuzgang ist dagegen sehr viel gepflegter. Vom Architekten Jerónimo García de Quiñones 1785 im neoklassizistischen Stil rekonstruiert, hat er mit seinem Vorgänger kaum noch etwas gemein. An diesen erinnern neben dem Eingangsportal nur noch ein paar vereinzelte Kapitelle und die Kapellen, von denen einige noch der ursprünglichen Anordnung entsprechen.

Die erste, die Capilla de Talavera, befindet sich zum Beispiel dort, wo früher der Kapitelsaal war, und scheint zusammen mit der Torre del Gallo zu den ältesten Gebäudeteilen der Kathedrale zu zählen. Sie stammt aus dem 12. Jahrhundert, wurde aber im 16. Jahrhundert im Auftrag eines gewissen Rodrigo Arias, Universitätsprofessor aus Talavera (von daher der Name) neu gestaltet, um ihm und seiner Familie als Grabstätte zu dienen, die seine befindet sich genau in der Mitte. In dieser Kapelle (deren Rippengewölbe sehr an das des Querschiffs erinnert) werden außerdem von Zeit zu Zeit Messen nach mozarabischem Ritus zelebriert, wie der Reisende von einer Stimme erfährt, die ertönt, als er auf einen Knopf drückt, eine Art Führerroboter für allein herumlaufende Leute wie ihn.

Der Führerroboter begleitet ihn durch die anderen Kapellen und den Rest des Kreuzgangs. Der Reisende braucht nur den Knopf zu betätigen, und schon legt er los und erzählt ihm alles, was er weiß. So erklärt er zum Beispiel, dass die nächste Kapelle, die Capilla de Santa Bárbara, die neueste ist (obwohl so neu auch wieder nicht: Sie stammt aus dem Jahr 1344) und dass ihre Geschichte eng mit derjenigen der Universität verbunden ist, da in ihr (auf dem rustikalen Gestühl längs der Wände) die wichtigsten universitären Ereignisse stattfanden, wie beispielsweise die Wahl des Rektors oder die Examensprüfungen, bei denen die Studenten auf einem Stuhl zwischen dem Altar und dem von einem Gitter umgebenen imposanten Grabmal von Juan Lucero saßen, dem Bischof, der die Kapelle hatte bauen und auf seine Kosten ausschmücken lassen. Die Kandidaten, die bestanden hatten, so berichtet der Roboter weiter, wurden auf den Schultern ihrer Freunde durch die Kathedrale hinausgetragen, und diejenigen, die durchgefallen waren, durch den Kreuzgang und die Puerta de los Carros.

»Was für ein Aufwand!«, sagt der Reisende zu dem Mann, der sich neben ihm dieselben Ausführungen anhört.

»Allerdings«, meint dieser sehr ernst.

Die beiden nächsten Kapellen beherbergen heute das Diözesanmuseum. Dort sind sehr unterschiedliche Werke zu sehen, unter anderem verschiedene Tafelbilder der aus Salamanca stammenden Brüder Gallego. Es gibt auch eine Marienfigur aus Elfenbein aus dem 13. Jahrhundert und ein Triptychon von Juan de Flandes aus dem 16. Jahrhundert, doch insgesamt ist das Museum eher dürftig, vor allem im Vergleich zu denen, die der Reisende bereits gesehen hat. Und auch verglichen mit dem, was er in der Capilla de Santa Catalina sieht, die nach dem Museum kommt, die größte von allen, einst Bibliothek, dann Musikschule und heute Ausstellungsraum für das beim Bau der neuen Kathedrale verwendete Material wie Seilrollen, Räder und Seile, oder auch der letzten und gleichzeitig beeindruckendsten, der Capilla de San Bartolomé, bekannter als Capilla de Anaya, nach ihrem Stifter. Diese Kapelle – erfährt der Reisende vom Führerroboter, als er hineinschaut – ist die letzte Ruhestätte der Familie von Diego Anaya, einst Erzbischof von Sevilla und Gründer des berühmten Colegio Viejo, des ersten Studentenwohnheims von Salamanca. Sein spätgotisches Grabmal aus Alabaster befindet sich in der Mitte der Kapelle. Es stellt die auf einem kunstvoll gearbeiteten Bett ruhende Liegefigur des Erzbischofs dar und ist von einem ebenfalls gotischen Gitter umgeben, das dem Donaten Francisco de Salamanca zugeschrieben wird.

Der Roboter erzählt immer noch weiter, doch der Reisende hört ihm nicht mehr zu, so fasziniert ist er von der Schönheit dieses beeindruckenden Grabmals, das eher einem großen Mausoleum gleicht und das alle anderen überstrahlt (die der Eltern Diego Anayas, die seiner Söhne Diego und Juan, des Offizials, und die diverser weiterer Nachfahren wie der Edelmann Gutiérrez de Monroy und seine Gemahlin Doña Constanza de Anaya, deren Liegefiguren einen solchen Frieden ausstrahlen, dass man meint, sie würden jeden Moment erwachen). Nicht überstrahlen lässt sich jedoch die Orgelempore, die ebenso beeindruckend ist wie das Grabmal des Stifters: eine polychrome, goldgesprenkelte Holzschnitzarbeit im Mudéjar-Stil. Die Orgel selbst ist eine der ersten in ganz Europa, so berichtet der Roboter weiter. Am Ende hebt er noch die Architektur der Kapelle hervor, »im gotischen Stil, gewölbt«, und legt denjenigen, die ihm zuhören – wie dem Reisenden in diesem Moment –

das außerhalb der Kapelle liegende, von Juan de Juni gestaltete Grabmal des Offizials Gutierre de Castro sowie den unvergesslichen Blick ans Herz, den man vom Kreuzgang aus auf die Torre del Gallo hat.

»Möchten Sie eine Zigarette?«, fragt der Mann, der mit dem Reisenden zusammen aus dem Museum gekommen ist.

»Nein danke, ich rauche nicht«, erwidert dieser mit Bedauern, denn es wäre durchaus eine gute Gelegenheit.

»Da tun Sie gut dran«, sagt der Mann und zündet seine Zigarette mit sichtlichem Vergnügen an.

»Meinen Sie?«, fragt der Reisende neidisch.

Wieder zurück in der Kathedrale ist er jedoch froh, nicht zu rauchen. Er hat zwar erst vor einem Jahr aufgehört, sieht sich aber bereits als Ex-Raucher und verfällt angesichts der Grabmäler um ihn herum auf den Gedanken, er sei nun gefeit vor der Gefahr zu sterben. Besonders als er vor dem neuesten steht, das er eben wegen der Menschenmenge nicht gesehen hat und das Don Mauro Rubio gehört, dem letzten Bischof der Diözese, der erst vor wenigen Jahren verstarb, wie der Inschrift zu entnehmen ist. Die Platte aus dem hellen Stein Salamancas musste von den Handwerkern mit Hilfe eines Krans hierher gebracht werden, denn vierzig Mann reichten nicht aus, um sie zu transportieren, wie der Reisende gerade von dem Aufseher erfährt, der neben ihm steht.

»Hat er geraucht?«

»Wer?«

»Don Mauro.«

»Das weiß ich nicht«, erwidert der Mann und wirft ihm einen zu Recht erstaunten Blick zu.

Draußen regnet es noch immer. Am hellen Stein von Salamanca rinnt überall das Wasser herab, was ihn viel dunkler macht, als wenn die Sonne darauf scheint. Diese hat sich heute noch nicht blicken lassen, der Himmel ist ein einziger grauer Klumpen. Er erinnert ein bisschen an den von Santiago de Compostela, der anderen alten Universitätsstadt und ewigen Rivalin.

»Das kann nicht sein!«, lautet der skeptische Kommentar des Kellners in einer Kneipe, wo der Reisende darauf wartet, dass es etwas aufklart. »Hier regnet es viel weniger ...« Aber es klart nicht auf. Im Gegenteil, es regnet immer stärker, und dem Reisenden bleibt irgendwann nichts anderes übrig, als wieder auf die Straße hinauszugehen, um Ausschau nach einem Restaurant zu halten. Ließ ihn die Angst, nass zu werden, zunächst zaudern, so macht der Hunger, der ihn mittlerweile treibt, jetzt alles Zaudern vergessen.

Doch so wie es ihm am Morgen mit dem Hotel ergangen ist, ergeht es ihm jetzt auch mit dem Restaurant. Die Lokale, die er kennt, sind alle überfüllt, und die er nicht kennt, ebenfalls. So landet er nach etlichen Runden (glücklicherweise regnet es nicht mehr so stark) in einem Touristenlokal, an dessen Namen er sich garantiert nicht lange erinnern wird. Nur gut, dass sich das Novelty noch an seinem angestammten Ort an der altehrwürdigen Plaza Mayor befindet, diesem platteresken Traum aus Stein. Die Plaza Mayor ist seit Jahrhunderten der profane Tempel der Bewohner dieser Stadt, die sich hier ihrer Sorgen entledigen, während sie von einer Seite zur anderen oder, wenn es wie heute regnet, unter den Arkaden spazieren. Genau das tut auch der Reisende, nachdem er seinen Kaffee getrunken hat: Er spaziert unter den Arkaden und bleibt hier und da stehen, um einen Blick in die Schaufenster oder auf die Zeitschriftenständer der Kioske zu werfen, die hier ebenfalls vor dem Regen geschützt sind.

Gegen fünf kehrt er zur Kathedrale zurück. Sie ist schon seit einiger Zeit wieder geöffnet, doch nachdem er die alte Kathedrale bereits gesehen hat, bleibt ihm noch genügend Zeit für die neue. Fast eine Stunde nimmt er sich denn auch, um sie nun, da es nicht mehr regnet, von außen zu betrachten. Hinzu kommt, dass der Straßenkehrer, der im ganzen Außenbereich für Sauberkeit sorgt und dem er beim Patio Chico, dem kleinen Platz am Ende der Kathedrale begegnet, Lust auf ein Schwätzchen hat:

»Der Stein aus Villamayor ist schön, aber sehr weich«, sagt er über den Stein der Kathedrale. »Der wird ganz zerfressen von den Exkrementen der Tauben …«

»So schlimm?«

»Ja, wirklich. Und ihn reinigen, na ja … Mit dem Hochdruckreiniger geht's nicht, weil der Stein nichts aushält. Und von Hand, also wissen Sie …«

»Klar«, nickt der Reisende verständnisvoll, den Blick auf das gewaltige Bauwerk gerichtet.

Es ist die größte Kathedrale von allen, die er bisher gesehen hat. Größer als die von León und die von Santiago. Sie ist so monumental, dass sie nicht nur die alte Kathedrale, sondern ganz Salamanca unter sich verschwinden lässt. Ihre Erbauer hatten ganz offensichtlich himmelstürmende Vorstellungen.

Und Geld. Denn als erstes fragt man sich, was es wohl gekostet haben mag, dieses Bauwerk zu errichten, vor allem wenn man bedenkt, dass die besten spanischen Architekten der damaligen Zeit daran beteiligt waren (Gil de Hontañón, Antón Egas, Juan de Badajoz der Ältere …) und dass man fast dreihundert Jahre für die Fertigstellung brauchte. Doch Salamanca verfügte dank seiner Universität über ausreichend Geld und scheute keine Mühe. Nur so lässt sich erklären, dass eine derartige Menge an Stein verwendet wurde und dass so viele Häuser dem Gebäude weichen mussten.

Von außen erinnert die Kathedrale ein wenig an die von Sevilla. Ein immenses Bauwerk im gotischen Stil (trotz der Zeit, in der es entstand), gestützt auf Strebebogen und Pfeiler, gekrönt von Fialen und großen Kuppeln: die des Querschiffs und die des einzigen Turms. Die anderen drei Türme wurden nicht vollendet; einer wurde nur halb gebaut – die sogenannte Torre Mocha –, und die anderen beiden blieben bereits im Anfangsstadium stecken. Die Fassaden wurden jedoch alle fertiggestellt. Die Hauptfassade zeugt mit ihren Hunderten von Bogen und ihren Tausenden von Reliefs und Skulpturen von einer geradezu verschwenderischen Phantasie, die auch noch bei den anderen beiden zu erkennen ist, der Nord- und der Südfassade, wobei man letztere kaum sieht, so eingezwängt steht sie zwischen der alten Kathedrale und den Mauern und Dächern der benachbarten Häuser.

Innen ist die neue Kathedrale noch imposanter. Sie ist weitaus größer als die alte, was einem beim Eintreten ein seltsames Gefühl der Irrealität vermittelt, wie der Reisende gerade feststellt, vor allem jetzt, da sich kaum jemand in ihr aufhält.

Warum so viel Kathedrale, wenn sie völlig leer ist? Warum so viel Gebäude, wenn es keinen Gottesdienst gibt, wie man dem an der Tür aushängenden Plan entnehmen kann? Laut diesem gibt es außer an Sonn- und Feiertagen nur eine Messe am Tag.

»Und was ist mit den Priestern?«, fragt der Reisende den Aufseher an der Tür, denn er hat die ganze Zeit noch keinen einzigen zu Gesicht bekommen.

»Die kommen nicht. Nur morgens zur Messe und abends, wenn geschlossen wird.«

»Um den Opferstock zu leeren ...«, lautet der boshafte Kommentar des Reisenden.

»So ungefähr«, erwidert der Aufseher lächelnd.

Er bleibt an der Tür zurück, während der Reisende nun die neue Kathedrale in Augenschein nimmt, deren Höhe atemberaubend ist. Sie ist mindestens fünf oder sechs Mal so hoch wie die romanische Kathedrale, was sie zusammen mit ihrer Länge und Breite wie ein riesiges Schiff aussehen lässt, mit der großen barocken Kuppel in der Mitte, einem Werk Churrigueras, als Brücke. Die Apsis dagegen, gerade statt polygonal, wie es dem gotischen Stil entsprechen würde, ist bereits vom Renaissance-Stil geprägt, einem Stil, der sich ebenso wie der platereske besonders in der Ornamentik des gesamten Ensembles zeigt. Dies spiegelt die Veränderungen wider, die sich in der Architektur vollzogen, während die Kathedrale weiter getreu dem gotischen Stil ihrer Anfangsphase gebaut wurde. So heißt es denn auch irgendwo, es handele sich bei ihr um den »letzten Seufzer« der gotischen Kunst in ganz Europa.

Das macht sie zu etwas Künstlichem. Vielleicht liegt es an

ihrer Geschichte, vielleicht auch daran, dass sie tot ist, jedenfalls erweckt die neue Kathedrale von Salamanca einen Eindruck von Künstlichkeit, den weder ihre Ausmaße noch die zahlreichen Kapellen zu verdrängen vermögen. Unter anderem auch, weil letztere nicht so schön und so reich geschmückt sind wie die der romanischen Kathedrale.

Ebenso verstärkt der Altarraum, der allein schon so groß ist wie die gesamte romanische Kathedrale, dieses Unnatürliche noch durch das Fehlen eines Retabels. An dessen Stelle versucht ein Wandteppich aus (granat- oder karmesinrotem) Samt die Nacktheit des Hauptaltars zu kaschieren, über dem eine von sechs Engeln umringte Virgen de la Asunción, die Schutzheilige der Kathedrale, thront. Links und rechts neben dem Altar befinden sich zwei große Silberschreine, einer mit den Reliquien von San Juan de Sahagún, dem Schutzpatron der Diözese, der andere mit denen von Santo Tomás de Villanueva, beide aus dem nicht mehr existierenden Augustinerkloster.

Dafür gibt es zahlreiche Seitenkapellen. Entlang der Wände reiht sich eine an die andere, was die Kathedrale noch größer wirken lässt. Die meisten sind jedoch nichtssagend. Lediglich die Capilla Dorada (diesen Namen verdankt sie dem vielen Gold, das der Offizial von Alba de Tormes, Francisco de Palenzuela, um sein Grabmal anordnen ließ), die Capilla de la Virgen de Morales, der frühere Eingang zur alten Kathedrale, in der ein paar Werke von Luis de Morales zu sehen sind (ein kleines Bild, das Jesus von Nazaret zeigt, und ein Gemälde mit der Jungfrau, dem Jesuskind und Johannes dem Täufer), sowie die Capilla de las Batallas hinter dem Altar mit ihrem romanischen Kruzifix, das der Cid der Überlieferung nach bei allen seinen Schlachten bei sich trug, lohnen einen Besuch, falls man nur wenig Zeit hat. Doch da der Reisende mehr als genug davon hat, schaut er sich auch noch die Kapelle neben der Capilla de las Batallas an, in der sich eine wirklich anrührende Pietà von Luis Carmona befindet (diese erinnert ein wenig an die von Michelangelo) und die als einzige geöffnet ist, weil in ihr offensichtlich das Allerheiligste ausgestellt ist. Der *Coro* von Churriguera, angeblich das Prachtstück dieser Kirche, ist jedoch kaum zu sehen, weil er von einem Gitter versperrt wird, das sehr nach Rokoko aussieht und offensichtlich von einem französischen Künstler stammt.

»Gehen Sie schon?«, fragt der Aufseher an der Tür, als er ihn kommen sieht.

»Ja, das hatte ich vor.«

»Wenn Sie noch Zeit haben«, sagt der junge Mann, »sollten Sie sich die Ausstellung in der Torre Mocha ansehen.«

»Und wovon handelt die?«, fragt der Reisende etwas skeptisch.

»Von Ieronimus«, erwidert der junge Mann, wobei er den Namen ganz langsam ausspricht. »Neunhundert Jahre Kunst und Geschichte der Kathedralen.«

»Ich weiß nicht, ich werd's mir überlegen«, meint der Reisende, trotzdem dankbar für die Empfehlung, und verabschiedet sich.

Aber er überlegt es sich nicht lange. Sobald er auf die Straße getreten ist, steht er dem Turm gegenüber, und ehe er sich's versieht, ist er schon drin.

Und er wird es nicht bereuen. Die Ausstellung, die auf den ersten Bischof von Salamanca Bezug nimmt (Jerónimo de

Périgueux, Feldkaplan des Cid und Initiator der romanischen Kathedrale), erstreckt sich über mehrere Räume der beiden Türme, der Torre Mocha und des vollendeten Turms, und gestattet dem Reisenden einen Blick in den Bereich, wo früher offenbar die Angestellten der Kathedrale wohnten (Glöckner, Domstäbler, Lampenanzünder, Küster), als diese noch eine lebendige Welt und kein Museum war, so wie heute. Und überall verteilt findet er Dokumente aus der Zeit ihrer Erbauung sowie Pläne und Modelle der verschiedenen Umbauten. Doch sehr viel stärker hat es dem Reisenden die Terrasse angetan, die auf eins der Dächer hinausgeht, denn von dort hat man einen guten Blick auf das gesamte Ensemble und seine Umgebung (die Torre Mocha, die Vierungskuppel, die sich überlagernden Dächer der beiden Kirchen und die umliegenden Häuser) bis zum Tormes im Hintergrund und den Feldern, die sich im Süden und Südwesten in Richtung Ciudad Rodrigo verlieren. Alles ist jetzt nass vom Regen, der den hellen Stein von Salamanca gar nicht mehr richtig zur Geltung kommen lässt. Diesen Stein, der dem Reisenden den ganzen Tag in den unterschiedlichsten Formen und Stilen begegnet ist. Vielleicht macht er sich deswegen, einfach um sich ein bisschen zu erholen und nach so viel religiöser Kunst in die Realität zurückzukehren, auf den Weg zur Casa Lis, dem Jugendstilmuseum, das Salamanca wie ein Geheimnis hinter seinen Kathedralen versteckt und in dem er zwischen den fein gearbeiteten Objekten aus Glas und Porzellan die ganze Masse an Stein vergessen will.

Die Filigrane von Burgos

Es dauert, bis der Reisende Burgos erreicht. Es dauert, weil die Strecke lang ist und weil die Straße zwischen Santander und Burgos über das Kantabrische Gebirge führt. Diese langgezogene Bergkette, die Santander von der Meseta trennt, vor allem im Winter, wenn es schneit.

Heute ist Winter, aber es schneit nicht. Im Gegenteil: Es ist zwar kalt, doch der Himmel ist wolkenlos, und es sieht nicht einmal nach Regen aus. Aber je weiter sich die Straße von der Küste entfernt und an Höhe gewinnt, desto trüber wird es, wie man das von dieser Gegend kennt.

In Ontaneda, dem Land der *pasiegos*, der berühmten kantabrischen Viehhirten, hält der Reisende an, um *sobaos* zu kaufen, das typische hiesige Buttergebäck, und er stellt fest, dass sich die kühle Luft von Santander derweil in Kälte verwandelt hat. Eine Feststellung, die wenig später in Los Pandos, unterhalb des Escudo-Passes, bestätigt wird, wo er im einzigen offenen Lokal frühstückt (in Ontaneda gab es gar keins), umgeben von Viehhirten, die unter einem Plakat von Racing Santander und einem Schild, auf dem *sobaos* angeboten werden, ihre Angelegenheiten besprechen.

»Geben Sie mir ein *sobao*«, sagt der Reisende, bereit, sich der Herausforderung zu stellen und sich über seine kulinarischen Gewohnheiten zu dieser Tageszeit hinwegzusetzen.

Der Nachgeschmack des Gebäcks und das Gespräch der Männer begleiten ihn bis zum Escudo-Pass, den er bald erreicht, und noch etliche Kilometer darüber hinaus. Denn außer ein, zwei Dörfern auf der anderen Seite des Passes und dem fernen Ebro-Stausee im Westen wird er lange Zeit nichts Außergewöhnliches mehr zu Gesicht bekommen. Über viele Kilometer hinweg verläuft die Straße durch eine Ödnis, in der gerade mal ein paar Disteln und hier und da eine Aleppo-Kiefer wachsen. Es ist der sogenannte Páramo de Masa, ein weites unbewohntes Gebiet, das die Provinz Burgos von Norden nach Westen durchzieht und sich dann noch weiter nach Osten erstreckt, in Richtung La Bureba-Ebene. Dem Reisenden kommt sogar plötzlich der Gedanke, er könne sich verfahren haben.

Doch er hat sich nicht verfahren. Im Gegenteil, er befindet sich schon kurz vor Burgos, das kündigt eine größere Verkehrsdichte an. Viele Autos sind es jedoch nicht, denn es ist noch früh, obwohl der Reisende in seinem schon seit zwei Stunden sitzt.

Schließlich taucht Burgos auf, bedeckt von einem bleigrauen Himmel. Die Stadt wird erst nach und nach sichtbar, denn sie erhebt sich nicht auf einer Anhöhe, was beweist, dass sie noch relativ jung ist. Das zeigt sich auch an ihren neuen Vierteln, die im Zuge einer noch nicht lange zurückliegenden Industrialisierung angelegt wurden. Die Gründung der Stadt geht aber doch bis ins Mittelalter zurück, denn sie entstand im Jahr 884 auf Anordnung des asturianischen Königs Alfons III. mit dem Ziel, diese entlegene Gegend seines Reichs wiederzubesiedeln und zu verteidigen. So steht es zumindest in dem Reiseführer, den der Reisende an einem Kiosk gekauft hat und den er jetzt im Gehen durchblättert, nachdem er seine Sachen im Hotel Almirante Bonifaz gelassen hat, einem wuchtigen alten

Bau mit gewissen Ambitionen, den er mehr wegen des Namens denn der Dekoration ausgewählt hat.

Unterwegs lässt der Reisende seinen Blick durch die Straßen schweifen. Es ist Samstag, und man sieht noch keine Menschenseele, obwohl es bereits nach elf ist. Außerdem ist es kalt: fünf Grad (zehn weniger als am frühen Morgen in Santander). Den Reisenden verwundert es nicht, dass die Leute noch im Bett liegen oder zu Hause am warmen *brasero* sitzen, dem metallenen Kohlenbecken unter dem Tisch.

In der Nähe der Kathedrale wird es dann aber etwas belebter. Um das Gebäude und den Platz herum sind alle Geschäfte geöffnet und warten wie immer auf die Touristen. Schließlich leben ihre Besitzer von ihnen, wie ihr Angebot zeigt: Postkarten, Reiseführer, Keramik, Souvenirs sowie die verschiedensten regionalen Erzeugnisse, und das alles zu Preisen, die deutlich höher sind als überall sonst in der Stadt.

Die Kathedrale von Burgos, deren Türme der Reisende schon die ganze Zeit vor Augen hat und die sich ihm in all ihrer Pracht darbietet, als er schließlich auf dem Vorplatz ankommt, ist eins der meistbesuchten Bauwerke ganz Spaniens, vor allem seitdem sie 1984 zum Weltkulturerbe erklärt wurde. Dies ist zwar eine große Ehre, doch nötig hatte sie das nicht, denn sie war ohnehin bereits eine der bekanntesten Kathedralen der Welt und zusammen mit der von León die berühmteste Spaniens.

Doch im Gegensatz zu der von León, die über der Stadt thront und sich auf dem Platz, in dessen Mitte sie steht, in ihrer ganzen Größe präsentiert, ist der Blick auf die Kathedrale von Burgos etwas eingeschränkt, weil sie etwas tiefer liegt und von den umliegenden Häusern eingezwängt wird, die sich zum Teil fast an sie lehnen. Was jedoch, vor allem aus der Nähe betrachtet, ihrer Pracht keinen Abbruch tut. Der Reisende kennt sie bereits, ist aber aufs neue überwältigt von ihrer Größe und der Höhe ihrer Türme. Und wie immer weiß er nicht, wie er sie nun in Augenschein nehmen soll. Er würde sie gerne als Ganzes betrachten, doch das ist unmöglich, nicht nur wegen ihrer Ausmaße, sondern auch, weil sie gerade restauriert wird und dadurch größtenteils verdeckt ist.

Der Reisende steht nun vor dem Südportal und liest in seinem Führer: »Die Kathedrale von Burgos steht, nach Nordosten ausgerichtet, unterhalb des Festungshügels an der Stelle, an der sich die frühere romanische Kathedrale von König Alfons VI. (1065–1109) befand. Den Grundstein legten Bischof Mauricio (1213–1238) und Ferdinand III., König von Kastilien und León, am 20. Juni 1221. Die Kirche ist der Jungfrau Maria geweiht. Sie hat einen kreuzförmigen Grundriss mit Hauptschiff, zwei Seitenschiffen und einem Chorumgang. In ihrem Inneren befinden sich vierzehn zwischen dem 13. und dem 18. Jahrhundert erbaute Kapellen. Dazu kommen vier weitere aus der Zeit zwischen dem 14. und dem 16. Jahrhundert, die sich zum Kreuzgang hin öffnen. Die ersten anonymen Baumeister orientierten sich an der französischen Gotik (Amiens, Bourges, Coutances, Chartres, Paris, Reims). Sowohl sie als auch spätere Meister deutscher, flämischer und spanischer Herkunft verliehen ihren Werken den unverwechselbaren Ausdruck schlichter kastilischer Eleganz ...«

»Gehen Sie rein, Sie bekommen sie gezeigt.«

»Wie bitte?«

»Sie sollen reingehen, Sie bekommen sie gezeigt«, wiederholt die Frau, die aus der Kathedrale heraustritt und ihn gerade in seiner Lektüre unterbrochen hat. »Heute und morgen bekommt man sie umsonst gezeigt.«

»Wieso das?«, fragt der Reisende erstaunt.

»Um die Restaurierung zu feiern«, erwidert die Frau sichtlich erfreut und geht dann ihres Weges. Doch nach wenigen Schritten dreht sie sich um und fügt noch hinzu: »Ich wollte Ihnen das nur sagen, weil Sie ein bisschen verloren wirken.«

Das ist er tatsächlich, denn er weiß gar nicht, wo er anfangen soll. Wenn ihm das überall so geht, warum dann nicht auch hier?

Um einfach irgendwo anzufangen, beschließt er, die Kathedrale einmal zu umrunden und sich so ein Bild von der Gesamtanlage zu machen. Er beginnt dort, wo er gerade steht, nämlich an der Südfassade. Eingezwängt von den beiden Kreuzgängen, von denen einer höher liegt als der andere, kann deren Giebel und das Portal mit der Treppe, über die alle rein- und rausgehen, nicht richtig zur Geltung kommen. Hinter dem Giebel, der mit einer Rosette versehen und von zwei Fialen sowie drei reich mit Figuren geschmückten Bogen gekrönt ist, ragt der wunderbar filigrane Vierungsturm hervor. Wie das gesamte Bauwerk scheint er eher aus Gold geschmiedet als aus Stein gemeißelt zu sein.

Die durchbrochenen Türme, die Spitzen, die Fialen, ja die gesamte Struktur sieht aus wie eine feine Handarbeit aus Stein, angefertigt von einem phantastischen Künstler. Einem phantastischen Baumeister, der seine Spuren auch an den Gesimsen und den Strebepfeilern, insbesondere aber an den vier Portalen hinterlassen hat: dem Südportal, Puerta del Sarmental genannt, dem ältesten von allen; der Puerta de la Pellejería an der östlichen Seite des nördlichen Querschiffs, die ihren Namen dem einst in ihrer Umgebung angesiedelten Kürschnerhandwerk verdankt; der Puerta de la Coronería an der Nordseite, auch Puerta de los Apóstoles beziehungsweise Puerta Alta genannt, weil sie sich wie die Straße davor ein ganzes Stück über dem Grund der Kathedrale befindet, und schließlich im Westen der Puerta Real oder Puerta del Perdón, dem Hauptportal, obwohl dieses nicht das schönste ist. Vielleicht war es das früher einmal, als die Rosette und die beiden Zwillingstürme mit ihren von Hans von Köln entworfenen konischen Spitzen noch das alte gotische Portal zierten, das wegen seines Zerfalls dem jetzigen aus dem 18. Jahrhundert weichen musste. Eine schmähliche Verunstaltung, die noch augenfälliger wird, wenn man die anderen Portale betrachtet, von denen jedes dessen privilegierte Lage verdient hätte, vor allem die Puerta del Sarmental, das älteste und auch schönste von allen.

Vielleicht gehen die Leute deswegen lieber dort hinein. Unter seinem üppig verzierten Tympanon voller Engel und Apostel heißt eine Figur des Bischofs Mauricio, der den Grundstein für die Kathedrale legte, von der Mittelsäule aus die Besucher willkommen. Die jetzt in Scharen strömen, wie der Reisende bemerkt.

Es ist nämlich schon Mittag, ein Samstagmittag im Januar am Ende der Ferienzeit. Deshalb sind so viele Touristen unterwegs. Und weil der Samstag und auch der Sonntag, wie der Reisende ja zuvor erfahren hat, vom Domkapitel zu

Tagen der offenen Tür erklärt wurden, um die Restaurierung der Capilla de Santa Tecla zu feiern, die dem Mann im Souvenirladen neben dem Eingang zufolge ein Jahr gedauert hat. Während der Reisende in den Büchern blättert, erzählt ihm der Mann, der sehr nett ist, außerdem, dass zur Zeit die ganze Kathedrale restauriert werde, sowohl von innen als auch von außen, doch die Arbeiten kämen nur langsam voran und seien sehr kostspielig, unter anderem weil der Stein, mit dem sie erbaut wurde, furchtbar weich sei. Der Stein, der aus Hontanar de la Cantera stamme, sei mit der Zeit so porös geworden, dass er beim geringsten Druck zerbrösele. Deshalb müsse man die äußeren Figuren mit Laser reinigen anstatt mit Wasser, wie den Rest.

Ob es nun am Samstag liegt oder daran, dass der Eintritt nichts kostet, die Kathedrale ist jedenfalls voller Leute, die hinter den verschiedenen Führern oder auch allein darin herumwandeln. Es herrscht so viel Gedränge, dass man kaum vorwärts kommt oder den Erklärungen der Führer lauschen kann. Wenn der Reisende es nicht besser wüsste, würde er denken, die Leute in Burgos seien alle verrückt.

Und bis zu einem gewissen Punkt sind sie das auch. Wie sonst sollte man diese Leidenschaft für die Kunst, dieses plötzliche Interesse an einer Kirche erklären, die der Reisende bisher immer nur fast leer gesehen hat, so wie die meisten Kathedralen? Woher kommt in Burgos diese Passion für die Kunstschätze der Stadt?

Verwundert versucht er sich einen Weg durch die Massen zu bahnen und gleichzeitig die Kathedrale zu besichtigen. Doch das ist schwierig. Ständig wird er unterbrochen oder geschubst, ständig muss er umherhastenden älteren Damen weichen, die mit Blick zur Decke »Ist das schön!« rufen, oder Platz für Rentnergruppen machen, die wie eine Schafherde (so schauen sie auch drein) den verschiedenen Führern folgen. Schließlich flüchtet er hinter den *Coro*, wo es weniger voll ist, und wartet darauf, dass sich die Hektik etwas legt.

Aber sie legt sich nicht. Im Gegenteil, bis ein Uhr, eine halbe Stunde bevor die Kathedrale schließt, strömen weiterhin Leute herein, als wäre dies ein Markt und kein Gotteshaus. Die Kathedrale hat tatsächlich etwas von einem Markt, wenn man zum Beispiel die vielen kleinen Kapellen überall betrachtet, die wie seltsame Läden anmuten, oder die zahlreichen Dinge darin, die die Aufmerksamkeit des Besuchers auf sich ziehen. Wie alle anderen schaut der Reisende hin und her und weiß nicht, wo er anfangen soll. So groß ist dieser Markt.

Nachdem er eine Runde gedreht, durch die Gitter der wichtigsten Kapellen gespäht und kurz die Capilla del Condestable betreten hat (in der sich trotz ihrer Größe die Besucher drängen), beschließt er, die Besichtigung auf später zu verschieben und sie dann, um das Angebot des Domkapitels zu nutzen, mit einem Führer zu machen. Vielleicht sind ja nach dem Mittagessen weniger Leute da.

Doch damit liegt er falsch, und zwar ziemlich. Als er um vier Uhr nach einem überstürzten Essen in einem nahegelegenen Gasthaus (das im übrigen ebenfalls proppenvoll war; wer hätte das heute Morgen gedacht, als er die Stadt menschenleer antraf!) rasch zurückkommt, steht bereits eine ganze Menge Leute vor der Puerta del Sarmental. Die Schlange bewegt sich die Treppe hinunter und wird immer länger. Auch am Nachmittag wird der Reisende die Kathedrale also nicht so besichtigen können, wie er möchte.

Allerdings bekommt er sie jetzt genauer zu sehen und das mit einer ausgezeichneten Führung. Die Führerin seiner Gruppe, die erste, die sich vor der Sakristei bildet, wo ein großer *brasero* für etwas Wärme und Abwechslung sorgt, ist eine junge und außerdem hübsche Frau namens Monse.

Die Besichtigung beginnt im Hauptschiff, genauer gesagt im Presbyterium, dessen Gitter Monse öffnet, um die Gruppe ins Innere zu lassen. Sie stellt sich in die Mitte, damit alle sie hören können, und erklärt, was es zu sehen gibt: gegenüber der Hauptaltar, dessen Retabel dem der Kathedrale von Astorga nachempfunden und der Heiligen Jungfrau, der Schutzpatronin von Burgos, geweiht ist und den ein Tuch bedeckt, weil er gerade restauriert wird; auf der anderen Seite der mächtige *Coro* im Renaissance-Stil, glänzend wie Kristall; dazwischen das Vierungsgewölbe, ein Achteck aus durchbrochenem Maßwerk mit einem Stern in der Mitte, geschaffen von Juan de Vallejo, ein Werk, von dem König Philip II. offenbar sagte, es sei den Engeln im Himmel würdig, und darunter, in der Mitte des Querschiffs, dem zentralen Ort der Kathedrale, die Steinplatte über dem Grabmal des Cid und seiner Gemahlin, Doña Jimena, die hier ihre letzte Ruhestätte fanden, nachdem ihre sterblichen Überreste zuvor an den verschiedensten Orten aufbewahrt worden waren. Es versteht sich von selbst, dass der Cid für Monse, wie für die Mehrheit der Burgalesen, der große Held der Stadt ist.

»Aber hat er denn wirklich existiert?«, fragt der Reisende, um sie ein bisschen zu provozieren.

»So sagt man«, erwidert Monse lächelnd, als sie das Presbyterium wieder verlassen haben.

Als nächstes wird der Chorumgang besichtigt, wo Monse der Gruppe die beeindruckenden Steinreliefs von Vigarny zeigt, und dann geht es weiter zu den beiden Seitenschiffen, wo sie, ständig anderen Gruppen ausweichend, alle paar Schritte stehenbleibt, um über die wichtigen Sehenswürdigkeiten dort zu sprechen: die von Diego de Siloé geschaffene goldene Treppe im nördlichen Arm des Querschiffs, eins der Meisterwerke dieser Art in Spanien, das Taufbecken aus dem 12. Jahrhundert, das Triforium, der Papamoscas (die berühmte Figur, die mit dem Schlag der Uhr den Mund öffnet und wieder schließt) sowie einige der wichtigsten Kapellen: die Capilla de la Concepción mit ihrem steinernen Retabel und den beiden von Gil und Diego de Siloé gestalteten Grabmälern; die große und reich geschmückte Capilla de Santa Tecla, die gerade restauriert wurde; die Capilla del Cristo und gegenüber die Capilla de la Presentación, erstere mit dem berühmten Cristo de Burgos, einer Figur, die von einem unbekannten flämischen Künstler stammt und die den wohlverdienten Ruf hat, Wunder zu bewirken, und letztere mit dem Grabmal des Domherrn Gonzalo Díaz de Lerma, ebenfalls von Vigarny, sowie einem Ölgemälde raffaelitischer Prägung, und zu guter Letzt in der Mitte die größte und schönste von allen, die Capilla del Condestable, praktisch eine Kathedrale in der Kathedrale. »Kommen Sie rein.«

Der Reisende steht mittendrin, neben den beiden Grabmälern des Stifters und seiner Gattin, und schaut sich, während er auf die Ausführungen wartet, fasziniert um.

»Das ist die Capilla del Condestable«, beginnt Monse, »die größte und am reichsten geschmückte Kapelle der ganzen Kathedrale. Sie wurde in den Jahren 1482 bis 1517 im Auftrag des Condestable, des obersten Heerführers von Kastilien, Don Pedro Fernández de Velasco erbaut, um ihm und seiner Gemahlin als Grabmal zu dienen. An ihrer Entstehung wirkten die besten Künstler der damaligen Zeit mit. Das Retabel stammt von Vigarny und Diego de Siloé, die Malereien sind von León Picardo, die Baumeister waren Simon und Franz von Köln, das Gitter ist ein Werk von Diego de Sagredo, die Bilder stammen von verschiedenen, durchweg erstklassigen Künstlern, und die aus Carrara-Marmor angefertigten Statuen des Condestable und seiner Gemahlin sind ebenfalls von Vigarny.

Während Monse die Details erklärt und die Gruppe dabei entsprechend die Köpfe hin- und herdreht, steht der Reisende immer noch fasziniert an seinem Platz und kann den Blick einfach nicht von dem Grabmal neben ihm wenden. Der Realismus der beiden Körper, der Ausdruck der beiden Gesichter, das fast mystische Weiß des Marmors darunter (das außerdem einen starken Kontrast zu dem rot-gelben Stein des Sockels bildet) haben eine ebenso verstörende wie fesselnde Wirkung auf ihn. Etwas Vollkommeneres in der Bildhauerei kann es zweifellos nicht geben.

»Gehen wir?«

Es ist Monse, die nach ihm ruft. Die Besichtigung geht weiter, denn das Museum steht noch aus. Der Reisende weiß allerdings nicht, ob er noch mehr aufnehmen kann.

Das Museum, das aus mehreren Räumen besteht, befindet sich im Kreuzgang, den man durch den Raum vor der Sakristei erreicht, wo der *brasero* immer noch seine Wärme verströmt. An ihm kreuzen sich die Gruppen, die unaufhörlich kommen und gehen. *Es sieht dich, brasero, jedermann, / und begreift doch nicht, was du alles kannst. / Nicht nur wärmen kann man sich hier, / auch einen treuen Freund findet man in dir. / Wie ein schöner alter Mann / mit weißem Haar und klarem Verstand / zeigst du mir den rechten Weg, / den ein Christenmensch muss gehen ...* liest der Reisende im Vorübergehen auf dem Schild an der Wand.

Doch er muss sich beeilen. Wegen der Geschichte des *brasero* hat er den Anschluss an die Gruppe verloren und jetzt weiß er nicht mehr, welche seine ist. So viele Leute halten sich im Kreuzgang auf.

»Ist das die Gruppe von Monse?«

»Nein.«

Endlich findet er sie in einer Kapelle, der ersten der vier, die sich im Ostflügel des Kreuzgangs befinden. Dort sind, wie Monse gerade erklärt, eine Reihe von Gold- und Silberschmiedearbeiten aus dem reichen Schatz der Kathedrale ausgestellt. Hervorgehoben werden insbesondere eine emaillierte Christusfigur aus dem 12. Jahrhundert, zwei Prozessionskreuze (das eine mit einem Kreuzweg das andere aus der Werkstatt von Juan de Horna), die silbernen Reliquienschreine der Heiligen Petrus, Paulus und Jakobus, die dem Burgalesen Juan García de Frías zugeschrieben werden, sowie ein goldener, mit Edelsteinen besetzter Kelch aus dem 15. Jahrhundert, der allein mehr wert ist als mehrere Kathedralen zusammen.

»Ohhh!«, entfährt es der Gruppe, als sie das hört.

Daneben, in der Capilla de San Juan Bautista, kann man

Tafelbilder und Gemälde verschiedener Schulen und Künstler sehen, doch das Beste sind die an einer Säule befestigte Christusfigur von Diego de Siloé sowie die Architektur selbst. In der nächsten, der Capilla de Santa Catalina (die ebenfalls bemerkenswert ist), befinden sich unter dem inquisitorischen Blick aller Bischöfe der Diözese, deren Porträts aneinandergereiht an den Wänden hängen, die aus dem 10. Jahrhundert stammende westgotische Bibel aus dem Kloster von Cardeña, der zwischen dem Cid und Doña Jimena 1074 geschlossene Ehevertrag, eine Gutenberg-Bibel, diverse Codices und Manuskripte sowie eine beeindruckende Figur der Virgen de Oca (Oca war früher der Name der Diözese Burgos). In der Capilla del Corpus Christi ist der sogenannte Cofre del Cid zu bewundern, die berühmte mittelalterliche Truhe, die der Überlieferung nach dem legendären Feldherrn aus Burgos gehört haben soll. Im angrenzenden Kapitelsaal mit seiner mozarabisch anmutenden Artesonado-Decke und seiner Freskomalerei beendet Monse schließlich ihre Führung vor dem Grabmal von Bischof Mauricio, dem Initiator des Ganzen, dessen mit Kupferblech überzogene und mit Edelsteinen und Limoges-Email geschmückte hölzerne Liegefigur den Raum mit ihrer feierlichen Würde überstrahlt.

»Vielen Dank«, sagt Monse zum Abschied.

»Wir haben dir zu danken«, sagt einer aus der Gruppe, aber die meisten gehen ohne ein Wort hinaus.

Der Reisende bedankt sich auch noch rasch bei ihr, bevor sie zur nächsten Gruppe eilt, die schon auf sie wartet, und bleibt dann noch ein paar Minuten im Kapitelsaal, bis die letzten gegangen sind. Er weiß nicht recht, was er tun soll. Es ist fünf vor halb sechs, er hat also noch viel Zeit vor sich.

Bald fasst er jedoch einen Entschluss. Nachdem er noch eine Weile den Kreuzgang bewundert hat (der freilich ebenfalls sehenswert ist, schließlich stammt er aus dem 13. Jahrhundert), geht er in die Kathedrale zurück, und da läuft ihm eine andere Gruppe über den Weg, deren Führer an einen Marktschreier erinnert. Er springt herum, fuchtelt mit den Armen, spuckt die Wörter Silbe für Silbe aus seinem Mund, als wäre er ein zweiter Papamoscas, und unterhält sein Gefolge unaufhörlich mit Scherzen und Späßen. Der Mann, der einen Bart trägt und etwas älter ist als Monse, befindet sich erst am Anfang seiner Besichtigungstour, hat aber die ganze Gruppe bereits in der Tasche. Der Reisende (der überhaupt nichts dagegen hat, alles noch einmal zu sehen) gesellt sich unauffällig dazu, in der Hoffnung, dass niemand etwas sagt.

Keineswegs. Die Gruppe ist so groß, dass der Führer nicht einmal weiß, wie viele Leute er bei sich hat. Es ist ihm auch egal. Er zieht sein Programm durch, ist nur darauf bedacht, an jeder Stelle zu erzählen, was er über die Kathedrale weiß. Sein Wissen deckt sich genau mit dem seiner Kollegen, aber er ist der bessere Erzähler. So gibt er über das Chorgestühl folgendes zum Besten:

»Nussbaum, aus der Gegend von Burgos, der beste auf der Welt. Und die Nüsse erst, vorzüglich... Vorsicht beim Rausgehen, da sind zwei Stufen.«

Zu den Reliefs von Vigarny hinter dem Altar sagt er:

»Wun-der-bar... Re-nais-sance... 15. und 16. Jahrhundert... Links Christus mit dem Kreuz auf den Schultern. In

98

der Mitte Christus am Kreuz zwischen den beiden Dieben. Rechts die Wiederauferstehung ... Schade, dass sie von der Feuchtigkeit beschädigt wurden ... Der Stein ist schlecht; stammt aus Briviesca ... Ist hier jemand aus Briviesca?«

Richtiggehend ins Schwelgen kommt er dann in jeder einzelnen der Kapellen (in der Capilla de la Presentación zieht er vor dem Grabmal des Domherrn Gonzalo Díaz de Lerma sogar eine Art Faltblatt aus der Tasche, das er selbst entworfen und zugeschnitten hat und anhand dessen er der Gruppe die Überlegenheit der Kathedrale von Burgos vor Augen führt: Wenn man einen Turm wegnimmt, ist es das Straßburger Münster, nimmt man zwei Türme weg, ist es die Notre-Dame von Paris), vor allem aber in der Capilla del Condestable und im Museum. In der Kapelle wartet er mit seinem ganzen Wissen auf (so erfährt der Reisende zum Beispiel, dass die Condestabla, wie er die Gattin nennt, die Tochter des Marqués de Santillana war, der die berühmten *serranilla*-Gedichte schrieb) und im Museum mit seiner ganzen Phantasie. Vor allem aber als sie vor der Truhe des Cid stehen, die er für echt befindet:

»Ich habe Ihnen doch am Anfang gesagt, dass der Cid ein ganzer Kerl war. Erinnern Sie sich?« Die Leute nicken lächelnd. »Gut, das werde ich Ihnen jetzt beweisen.«

Er zieht ein Blatt Papier aus seiner Mappe und hebt zu einem ausführlichen Vortrag über einen Stammbaum an, der bei dem Helden aus Vivar beginnt, sich dann über neun Jahrhunderte hinweg verzweigt und am Ende nach zahlreichen Irrungen und Wirrungen alle Monarchien, sowohl die abgeschafften als auch die noch bestehenden, miteinander verschwägert. Dem Mann zufolge, der diesen ganzen komplizierten Stammbaum auswendig weiß, sind sämtliche europäischen Könige seit den Zeiten des Cid bis in unsere Tage nicht nur miteinander verwandt, sondern auch Nachkommen von diesem.

»Das habe ich publiziert«, sagt er und zeigt auf das Blatt mit all den Namen.

Die Leute spenden seinen Ausführungen Beifall. Sie sind so begeistert, dass sie gar nicht aufhören wollen. Doch leider ist die Besichtigung beendet. Beim Grabmal von Bischof Mauricio verabschiedet sich der Führer plötzlich, wie vorher auch Monse, um sich auf den Weg zur nächsten Gruppe zu machen.

»Wo finde ich denn, was Sie da über den Cid publiziert haben?«, fragt der Reisende noch schnell.

»Interessiert Sie das?«

»Sicher.«

»Dann nehmen Sie das mit,« sagt er und gibt ihm das Blatt, von dem er anscheinend noch einige Kopien in seiner Mappe hat. Darauf steht sein Name (*Luis Antolínez Vegas. Reiseführer*) neben dem Titel, den er dem Schriftstück gegeben hat: *DER CID: URAHN DER EUROPÄISCHEN KÖNIGE.* Er scheint es als Eigenwerbung zu benutzen.

Der Reisende bedankt sich für die großzügige Geste und geht mit dem Blatt Papier in der Hosentasche – oder, was aufs Gleiche herauskommt, mit allen Monarchien Europas auf dem Buckel (wie leicht die jetzt sind!) – in die Kathedrale zurück, in der großes Gedränge herrscht. Es ist sieben Uhr, und gleich wird in der Capilla de Santa Tecla eine Messe beginnen.

Die Kapelle, die voller Menschen ist, präsentiert sich nach

der Restaurierung in all ihrer Pracht. Hinter der Glasscheibe, die sie von allem trennt (anscheinend wird hier die tägliche Messe abgehalten), wirkt die große Barockkapelle der Kathedrale von Burgos wie ein riesiger Spiegel voller Goldtöne und filigraner Formen. Golden schimmern die Malereien, die sich von der Kuppel bis zu den Sockeln ziehen, und auch die kostbaren Retabeln: vier kleine auf der linken Seite und das des Hauptaltars, das der Heiligen geweiht ist. Es stammt von denselben Baumeistern, die auch für die Architektur der Kapelle verantwortlich zeichnen (Churriguera, Collado und Basteguieta), und weist den typischen Stil der damaligen Zeit auf. Während die Messe beginnt, betrachtet der Reisende es von seinem Platz ganz hinten völlig geblendet von diesem Glanz, der es ihm unmöglich macht, die Details zu sehen. In der Mitte kann er jedoch die beiden Mauren erkennen, die den Scheiterhaufen anzünden, auf dem die Heilige Thekla ihr Martyrium erleben soll, was allerdings laut dem Informationsblatt, welches das Domkapitel anlässlich der Restaurierung herausgegeben hat, ein Anachronismus ist, da die Heilige zu römischer Zeit lebte.

Die Messe, der Schimmer des Goldes, die Retabeln ... Auf seinem Stuhl an der hinteren Wand (dem einzigen freien Platz, als er hereinkam) fühlt sich der Reisende, nachdem er nun schon so lange auf den Beinen ist, zunehmend schlapp und matt, und er ist kurz davor, an Ort und Stelle einzuschlafen. Es ist das gleiche Gefühl wie am Morgen, als er aus Santander kam.

Doch jetzt ist es noch viel stärker. Im Bund mit der Stille und den gemurmelten Gebeten um ihn herum überfällt ihn die Müdigkeit ohne Erbarmen, und er kann nichts dagegen tun. Bevor sie ihn vollends besiegt, steht er deshalb schnell auf und verlässt die Kapelle, gerade als der Priester die Predigt beendet.

Sobald er über die Schwelle tritt, kehrt er in die Realität zurück: Er befindet sich wieder inmitten des Treibens, das in der Kathedrale herrscht. Vor allem gegenüber der Capilla de Santa Tecla, die hinter der Glasscheibe wie eine große Luftblase wirkt, weil man nichts von dem hört, was drinnen vor sich geht. Zum Glück hören die drinnen auch nicht, was draußen vor sich geht, sonst könnten sie kaum der Messe folgen, solchen Lärm veranstalten diejenigen, die hinter dem *Coro* darauf warten, dass es endlich acht Uhr schlägt und sie den Papamoscas in Aktion sehen können, nicht wissend, dass er schon seit einiger Zeit nicht mehr funktioniert.

Der Reisende, der es weiß (weil der Führer es ihm gesagt hat), nutzt die Gelegenheit, um noch eine letzte Runde zu drehen und sich von der Kathedrale zu verabschieden. Das tut er zwei Mal, einmal vor dem Grab des Cid, das jetzt noch verlassener ist, und einmal im Chorumgang, vor dem Gitter, das schon seit längerer Zeit die Capilla del Condestable verschließt, wo die beiden Grabmäler noch deutlicher aus dem nun herrschenden Dunkel und aus der Stille hervorstechen, die wie an jedem Abend endlich wieder Einzug in die Kathedrale von Burgos hält.

Ávila, Traum aus Eis

Als der Reisende am Morgen erwacht, ist seine Familie schon weg. Nur seine Schwägerin ist noch zu Hause und erwartet ihn mit dem Frühstück.

»Wo sind denn die anderen?«

»Auf der Arbeit und in der Schule«, sagt sie.

Der Reisende schaut aus dem Fenster. Der Himmel ist immer noch bewölkt, aber auf den Straßen liegt kein Schnee mehr. Nur hier und da sieht man noch ein paar weiße Flecken auf den Dächern.

»Es ist so kalt, dass es nicht mal schneit«, meint die Schwägerin und schenkt ihm Kaffee ein.

Der Reisende trinkt ihn fast in einem Zug. Dann räumt er seine Sachen zusammen, vergewissert sich, dass er alles ordentlich zurücklässt, und verabschiedet sich von seiner Schwägerin, die ihn ermahnt, vorsichtig zu fahren.

»Im Radio melden sie, dass es überall schneit«, sagt sie zu ihm, als sie schon an der Tür stehen.

»Keine Sorge«, beruhigt sie der Reisende, ohne zu ahnen, dass er sich zum letzten Mal von ihr verabschiedet.

Bis Medina del Campo, der zweitgrößten Stadt der Provinz, ist die Straße frei, doch ab Ataquines und vor allem ab Arévalo, das schon in der Provinz Ávila liegt, erschwert der inzwischen liegengebliebene Schnee das Fahren. Die Autos fahren langsamer, man versucht den Spurrillen der anderen zu folgen.

In Adanero wird es ganz schlimm. Die Straße nach Ávila

führt hier von der Schnellstraße weg und damit auch von den Räumfahrzeugen, die diese ständig von Schnee befreien. Außerdem ist sie viel schmaler und weniger befahren, und je weiter es ins Gebirge hochgeht, an dessen Fuß die Stadt der Mauern liegt, desto höher wird der Schnee, so dass der Reisende immer langsamer fahren muss. Die letzten zehn Kilometer kriecht er dann mit fünfzehn bis zwanzig pro Stunde hochkonzentriert hinter einem Lastwagen her, denn sollte er dessen Spur verlassen, könnte er steckenbleiben oder im Graben landen. Wie recht die doch im Radio hatten! Und auch seine Schwägerin, denkt der Reisende und schaltet seins an.

Gerade wird gemeldet, dass ganz Spanien von dem Unwetter erfasst wurde und dass es im Zentrum am schlimmsten ist, genauer gesagt, in den Provinzen Ávila und Segovia. Und ausgerechnet Ávila will er heute besuchen.

Nach fast drei Stunden kommt er endlich an. Die Stadt erscheint plötzlich wie ein mittelalterlicher Wintertraum vor seinen Augen. Aber noch ist er nicht da. Das ist auch gar nicht so einfach, denn die Straße, die zuerst ins Tal führt, durch das der zugefrorene Adaja fließt, steigt anschließend wieder an und verläuft an den Mauern vorbei, die die Stadt in der ganzen Welt bekanntgemacht haben. Schließlich sind sie mit ihren zweieinhalb Kilometern Länge und ihren achtundachtzig Wehrtürmen die am besten erhaltenen in ganz Europa. Was das alte Ávila zu der am besten bewehrten Stadt macht, obwohl es sich heute gegen niemanden mehr zu wehren braucht.

Im Gegenteil, was Ávila braucht, sind Leute, die es besuchen. Vor allem im Winter braucht die uralte Stadt der Heiligen Teresa, die Stadt der großen Mystiker und der rebellischen *comuneros*, die sich im 16. Jahrhundert gegen Karl I. erhoben, Besucher, die ein bisschen Geld in die Kassen ihrer knapp fünfzigtausend Einwohner bringen. Die meisten von ihnen wohnen bereits außerhalb der Stadtmauern, doch im alten Teil befinden sich noch immer die wichtigsten Gebäude. Und über allem thront jenes Bauwerk, das dem ganzen Ensemble seine typische Silhouette verleiht: die Kathedrale El Salvador.

Wenn man Ávila sehe, begreife man, wie und wo der Heiligen Teresa das Bild von der inneren Burg in den Sinn gekommen sei, schrieb Miguel de Unamuno, und der Reisende kann sich dieser Aussage nur anschließen, auch wenn das keinen interessiert. Diese Kathedrale, der er sich nun nähert, nachdem er eins der Tore im östlichen Teil der Stadtmauer passiert hat (die Puerta del Peso de la Harina, auch Puerta de las Carnicerías genannt, wie er später auf einem Stadtplan sehen wird), gleicht nämlich mehr einer Festung als einer Kirche, vor allem an einem Tag wie diesem, an dem der Schnee sie noch abweisender wirken lässt. Ein Eindruck, der sich auf den Rest der Stadt überträgt, auf deren vereisten Straßen die Autos kaum vorwärts kommen. Ganz langsam, um nicht bremsen zu müssen und dadurch ins Rutschen zu geraten, steuert der Reisende seinen Wagen auf der Suche nach einem Parkplatz durch die Straßen und findet schließlich einen genau vor dem Eingang der Markthalle, die offenbar noch nicht voll im Tagesgeschäft ist.

Wie eigentlich noch niemand in dieser Stadt. Um halb zwölf am Vormittag schläft Ávila immer noch den langen Schlaf der Kälte und scheint so schnell auch nicht daraus zu erwachen. Nur ein paar Kinder, die sich mit Schneebällen bewerfen, und die städtischen Arbeiter, die Salz auf die Bürgersteige streuen, sind wach in dieser Stadt, die seit Jahrhunderten schläft. Zumindest seitdem mit ihrer Niederlage beim Aufstand der *comuneros* nach einer langen Zeit des Wohlstands der Verfall begann.

Auf dem Kathedralsplatz sieht man das noch deutlicher. Noch nicht einmal Touristen sind zu dieser Zeit unterwegs. Wie auch, meint der Portier des Hotels, in dem der Reisende um Asyl bittet, und deutet auf den völlig zugeschneiten Platz.

Der Mann nimmt seinen Koffer und sagt, er könne ruhig gehen, er werde alles in sein Zimmer bringen. Angesichts der vorgerückten Stunde ist es dem Reisenden gerade recht, nicht noch mehr Zeit zu verlieren.

Es ist nämlich inzwischen schon zwölf. Zwölf Uhr an einem Freitag im Januar, an dem das Thermometer nicht über null Grad steigt. Dafür sorgen der Schnee, der bereits gefallen ist, und die Flocken, die jetzt noch fallen, wenn auch so spärlich, dass man sie vor dem Grau der Zinnen kaum ausmachen kann.

Die Kathedrale von Ávila (die den Reisenden wegen ihres Festungscharakters an die von Tuy erinnert) ist nämlich immer noch von den Zinnen gekrönt, mit denen sie einst zum Schutz und zur Verteidigung der Stadt versehen wurde. Nicht umsonst steht sie ganz dicht an der Stadtmauer, zu deren Befestigung sie mit jener Art Wehrturm beiträgt, den man hier *cimorro* nennt und der nichts anderes als ihre Apsis ist. Diese ist direkt in die Mauer eingefügt, vielleicht um die beiden Bauwerke miteinander zu verschmelzen, vielleicht aber auch einfach aus Platzmangel. Jedenfalls bildet das ganze Ensemble aus Kathedrale, Stadtmauer und *cimorro* ebenso wie die Stadt selbst eine Festung, verstärkt durch die Zinnen des Turms und der Fassaden, die sich von dem grauen Wolkenbrei abheben und die für die Entstehungszeit der Kathedrale typische Doppelfunktion von Gotteshaus und Befestigungsanlage unterstreichen. Erbaut wurde die Kathedrale Mitte des 12. Jahrhunderts, als die Romanik in die Gotik überging, und laut Gómez Moreno handelt es sich bei ihr um das erste Beispiel gotischer Baukunst in ganz Kastilien.

Es heißt, die ersten Pläne stammten von Fruchel, einem französischen Baumeister, dessen Spuren in ganz Nordspanien zu finden sind. Den Auftrag soll König Alfons VIII. erteilt haben, ein Nachfahre jenes Alfons VI., der die Stadt von den Arabern zurückeroberte, und der Ursprung war vermutlich eine romanische Kirche. Wahr oder nicht, die in die Stadtmauer eingefügte Apsis lässt jedenfalls den einstigen Festungscharakter deutlich erkennen, ebenso wie die Fassaden und der Turm. Erstere sind allerdings durch spätere Ergänzungen etwas verunstaltet worden, wie der Reisende mit Bedauern feststellt, vor allem die Hauptfassade an der Westseite: Über ihrem recht schmucklosen Stufenportal prangt ein großes Barockgebilde, zudem noch aus weißem Stein, was einen Kontrast zum Grau des Gesamtgebäudes darstellt.

Die Nordfassade ist dagegen viel einheitlicher, obwohl sie von Strebepfeilern (denen der später hinzugefügten Kapellen) und einem Vorplatz umgeben ist, der von steinernen Löwen mit einer Kette im Maul autofrei gehalten wird.

Sie hat etwas aufzubieten, was der Hauptfassade fehlt: die Puerta de los Apóstoles, benannt nach den Skulpturen, die unter einem Kielbogen mit einem Pantokrator in der Mitte die Archivolten mit den Allegorien des Jüngsten Gerichts und der Anbetung der Könige tragen, welche sich ursprünglich an der Westfassade befanden und Ende des 18. Jahrhunderts hierher verlagert wurden, was dem Nordportal mehr Schönheit und dem Hauptportal ein moderneres Gepräge verlieh.

Doch Tradition ist Tradition, und das Hauptportal ist und bleibt das Hauptportal (zumal das andere, geschützt von den Löwen und der Kette, auch gar keinen Zutritt gewährt). So geht der Reisende also zu diesem zurück und betritt die Kathedrale dort, wo es vorgesehen ist und wo es einem die Kälte auch nahelegt. Der Norden ist eben doch der Norden, vor allem an Tagen wie diesem.

Das erste, was an der Kathedrale von Ávila auffällt, ist ihre Helligkeit. An einem Tag wie heute, an dem der Himmel bleischwer über der Stadt liegt, ist diese geradezu verblüffend. Aber vielleicht ist es ja der Schnee, der sie durch die schönen Fenster so hell erscheinen lässt, denkt der Reisende, während er diese und die Kreuzgewölbe betrachtet. Was auch immer der Grund sein mag, er ist jedenfalls erstaunt, wie licht die Schiffe dieser Kirche sind, die er sich ganz dunkel und verlassen vorgestellt hat. Noch mehr erstaunen wird ihn allerdings gleich darauf, wenn auch auf eine ganz andere Art, das Gitter an der Rückwand des *Coro*, das den Besuchern den Zutritt zur Apsis versperrt. Ein Schild und ein Pfeil verweisen nach rechts, zur Tür des Kreuzgangs.

»Wie ist das zu verstehen?«, fragt der Reisende die blonde Frau mittleren Alters, die sich in einem Häuschen vor der Kälte schützt.

»Man muss durchs Museum gehen«, erwidert sie und deutet auf den hinteren Teil des schneebedeckten Kreuzgangs.

»Und das kostet natürlich Eintritt...«, sagt der Reisende, dem es allmählich dämmert.

Die Schalterdame zuckt nur mit den Schultern. Sie hat genug damit zu tun, scheint die Geste sagen zu wollen, sich vor der Kälte zu schützen, da kann sie sich nicht noch mit den Touristen herumstreiten.

Doch der Reisende hat Lust, ein bisschen zu streiten.

»Und wenn man beten will?«, fragt er die Frau.

»Das können Sie in dem Teil tun, der der Öffentlichkeit zugänglich ist. Oder Sie müssen kommen, wenn Messe ist«, antwortet sie ungerührt.

»Und wann ist Messe?«

»Morgens«, nimmt sie ihm jede Hoffnung.

»Das heißt, wenn ich die Kathedrale sehen will...«, beginnt der Reisende zu folgern und blickt abwechselnd zwischen dem Kreuzgang und dem Schild mit den Preisen und Öffnungszeiten des Museums hin und her: zwei Euro fünfzig, im Winter von zehn bis siebzehn Uhr.

»Genau«, sagt die Frau hinter ihrem Schalter.

Konsterniert schaut der Reisende noch einmal in Richtung Kreuzgang, an dessen Ende sich die Räume des Museums und der Eingang zum vorderen Teil der Kirche befinden, und macht dann resigniert kehrt, um sich eben nur das anzusehen, was einen der Bischof oder wer auch immer kostenlos sehen lässt. Es ärgert ihn, für etwas zahlen zu müssen, was ihm gehört, und wenn er das schon muss, dann wird er es auf den Nachmittag verschieben. Jetzt begnügt er sich erst einmal mit dem, was er sehen darf.

Das ist im Grunde nicht viel, wenn man von der Architektur absieht. Und bei dieser muss man sich auch noch beschränken, weil der *Coro* keinen freien Blick auf den Gesamtraum mit seinen drei hohen, aber recht schmalen gotischen Schiffen zulässt.

Das einzige, was man sonst noch sehen kann, außer der Rückwand des *Coro* (die aus weißem Kalkstein gefertigt ist und verschiedene Szenen aus dem Leben Jesu zeigt, ein Werk von Juan Rodríguez und Lucas Giraldo, die auch das Chorgestühl gestalteten), sind zwei oder drei nicht sehr bedeutende Altäre, diverse steinerne Grabmäler, ein gotisches Taufbecken und, in der Capilla del Santísimo, eine Marienfigur, die weniger aufgrund ihres Wertes von Interesse ist als vielmehr wegen der Kuriosität, dass die Heilige Teresa diese Jungfrau zur Mutter auserkor, nachdem sie ihre im Alter von zwölf Jahren verloren hatte. So will es die Legende, und so steht es auch auf dem Schild am Gitter, das natürlich geschlossen ist, ebenso wie jenes andere, das den Zutritt zur Apsis versperrt.

Während der Reisende nach dem wenigen, das er bis jetzt sehen konnte, erneut in diese hineinzuspähen versucht, gesellt sich ein sehr gesprächiger junger Mann zu ihm. Er sei gekommen, erzählt er (ohne dass der Reisende ihn danach gefragt hätte), um sich anzusehen, was sie da in der Kathedrale anscheinend gerade anrichten. Er meint die Baustelle im Altarraum, der voller Gerüste ist und aus dem die Stimmen der Arbeiter herüber dringen.Um diese sehen zu kön-

110

nen, müsste man durch den Kreuzgang gehen und vorher natürlich den Eintritt fürs Museum entrichten.

»Das ist eine Schande!«, meint der Mann, der aus Ávila stammt, wie er erklärt, und »sein ganzes Leben« hier verbracht hat. Und prompt fängt er an, gegen den Bischof zu wettern, der glücklicherweise nach Almería versetzt worden sei. Offensichtlich war dieser nicht sehr beliebt in Ávila, unter anderem weil er sich weigerte, bei Festen zu Ehren lokaler Schutzheiliger die Stadtfahne in die Kathedrale zu lassen, so wie es früher Brauch war.

»Das wundert mich nicht«, pflichtet der Reisende dem Mann bei, nicht wegen der Fahne, sondern wegen des Gitters.

Über Mittag schließt die Kathedrale nicht. Etwas Gutes musste sie ja haben. Doch der Reisende, dem kalt ist, will die Stadt erkunden und spart sich den Rest für den Nachmittag auf. Um fünf Uhr ist Ende der Besichtigungszeit, und das reicht ihm völlig aus.

»In Ordnung«, meint die Frau am Schalter, der er sagt, er werde später wiederkommen.

Auf dem Platz vor der Kathedrale ist es jetzt noch kälter. Schneeflocken fallen nur vereinzelt, doch der Wind macht die Kälte noch spürbarer. Der Reisende schlendert fast allein durch die schneebedeckten Seitenstraßen (mittelalterliche Gassen mit Rechtsanwaltsbüros, Arztpraxen und Touristenläden: Bohnen El Barco, Wein, *yemas de Santa Teresa*, das berühmte hiesige Eiergebäck, Fleischpasteten …), bis er zum Mercado Chico kommt, wie der Platz vor dem Rathaus heißt, weil hier früher ein Markt unter den Arkaden abgehalten wurde, wo man heute ein, zwei Kneipen und Geschäfte findet und wo ein eisernes Schild die Höhenlage der Stadt angibt: 1192,9 Meter, was sie zur höchstgelegenen Provinzhauptstadt des Landes macht.

Die Gäste in der Eckkneipe kümmert das indes wenig. Sie sind aus Ávila, haben alle »ihr ganzes Leben« hier verbracht und scheren sich weder um die Kälte noch um die Höhe, wie ihre gute Laune und ihre Lebenslust zeigen. Es ist die Stunde des Aperitifs, und an der Theke reden sie sich die Köpfe heiß. Mittendrin genehmigt sich der Reisende so gut es geht einen Wein und ein Stückchen *tortilla* (die ist warm), während er den Gesprächen zuhört: Es dreht sich um Politik, wie in allen Kneipen um diese Zeit. Irgendwann gehen alle, und er bleibt allein mit den beiden Bedienungen zurück, einem schon älteren Mann und einem jungen, hübschen Mädchen, das völlig ungeniert mit ihm flirtet. Die Kälte scheint die Leute hier wirklich gar nicht zu beeindrucken.

Auch den Scherenschleifer nicht, der sich unter den Arkaden postiert hat. Er ist kein Galicier, wie die meisten Scherenschleifer, nein, er stammt von hier und heißt Francisco, wie er sagt. Francisco hat einen Bart wie ein Apostel, und der Schnee lässt ihn offenbar völlig gleichgültig. Dadurch wirkt er sogar noch authentischer, wie eine Gestalt aus dem Mittelalter.

Leicht aufgeregt ist jedoch die Dame am Schalter, als der Reisende zur Kathedrale zurückkehrt:

»Gott sei Dank sind Sie früher gekommen«, sagt sie, sobald sie ihn sieht.

»Warum?«, fragt er verwundert.

»Wir schließen heute eher, weil keine Leute da sind.«

»Und um wie viel Uhr?«

»Um vier.«

So muss der Reisende also nicht nur bezahlen, um die Kathedrale von innen sehen zu dürfen, sondern auch noch durchhetzen. In fünfzig Minuten, es ist nämlich schon zehn nach drei.

»Na toll!«, sagt er ironisch und entrichtet die zwei Euro fünfzig Eintrittsgeld, um dann unverzüglich durch den Kreuzgang zu hasten.

Im Inneren der Kathedrale, das er durch die Tür zur Apsis betritt, ist es jetzt dunkler als am Vormittag. Das Licht, das durch die Fenster hereinfällt, ist gedämpfter, was den ganzen Raum einerseits unwirklich und andererseits verlassen aussehen lässt. Unwirklich wegen des Chorumgangs, den man zweifellos als außergewöhnlich bezeichnen kann (sowohl wegen seiner Form als auch wegen der Farbe des Steins), und verlassen wegen der Baugerüste im Presbyterium, auf denen im Augenblick kein Mensch zu sehen ist. Kurz darauf kommen allerdings ein paar Arbeiter und schleppen irgendwelche Dinge hin und her.

Der Reisende, der nicht weiter auf sie achtet (er hat keine Zeit zu verlieren), geht durch die Apsis und schaut sich nur das Wichtigste kurz an. Vor allem den zweischiffigen Chorumgang mit seinen Säulen und seinem rötlichen Stein (aus La Colilla, wie einer der Arbeiter sagt), Elemente, die ihn nicht nur einzigartig machen, sondern auch ein bisschen an eine Moschee erinnern, obwohl dieser Eindruck durch die Kapitelle eindeutig gotischer Prägung und die spätromanischen Kapellen gleich wieder revidiert wird. Man sieht aber doch, dass diese Apsis, der erste Gebäudeteil der Kathedrale, zu einer Zeit entstand, als beide Stilrichtungen hierzulande noch friedlich nebeneinander existierten.

In der Kathedrale von Ávila existieren auch noch andere, modernere Stile nebeneinander, was auf die lange Bauzeit zurückzuführen ist. So verweist das Faltblatt, das der Reisende zusammen mit der Eintrittskarte bekommen hat, unter anderem auf den *Coro* von Cornelius von Holland (wobei hier auch, wie bereits gesagt, Juan Rodríguez und Lucas Giraldo mitwirkten) und die beiden Kanzeln von Llorente de Ávila als Beispiele für den Renaissance-Stil sowie auf das Retabel des Hauptaltars und das Grabmal von Bischof Alonso Fernández de Madrigal, El Tostado genannt, die beide für den gotisch-plataresken Stil stehen. Das Retabel, an dem nacheinander Berruguete, Santa Cruz und Juan de Borgoña mitwirkten, ist wegen der Bauarbeiten im Presbyterium mit einem Tuch bedeckt, weshalb der Reisende sich mit Fotos begnügen muss, doch die Grabstätte des Tostado hinter dem Altar ist glücklicherweise zu sehen. Es handelt sich um ein bemerkenswertes Alabasterrelief, das den berühmten Bischof von Ávila über einer Allegorie der Tugenden und unter einem Medaillon mit einer Darstellung der Anbetung Christi an einem Pult schreibend zeigt. Es stammt von Vasco de la Zarza (der auch das Tabernakel und die beiden Seitenaltäre sowie die Maßwerkbalustrade des Kreuzgangs schuf), gilt als dessen Hauptwerk und laut Museumsfaltblatt auch als eine der bedeutendsten Skulpturen des plataresken Stils in Spanien und lohnt allein schon einen Besuch.

Doch der Reisende hat nicht viel Zeit, um es zu bewundern. Es bleibt ihm nur noch eine halbe Stunde für den Rest der Kathedrale und für das Museum, und er muss sich beeilen.

Den Rest der Kathedrale besichtigt er fast ohne stehenzubleiben. So interessant ist er auch gar nicht, wenn man mal von der einen oder anderen Figur und den Fenstern absieht, durch die immer weniger Licht hereinfällt, die aber ihre ursprüngliche Schönheit (sie stammen laut dem Museumsfaltblatt aus der Zeit um 1500) bewahrt haben. Doch nicht einmal so kommt der Reisende rechtzeitig, um sich noch das Museum anzuschauen. Als er endlich durch den Kreuzgang darauf zusteuert, ist der Aufseher gerade dabei zu schließen.

Der beleibte, glatzköpfige Mann schaut den Reisenden verwundert an.

»Ich schließe gerade«, teilt er ihm mit.

Der Reisende blickt auf seine Uhr: es ist zwanzig Minuten vor vier.

»Mir wurde gesagt, Sie schließen um vier«, erklärt er schüchtern und traut sich nicht, darauf hinzuweisen, dass das Museum offiziell bis fünf Uhr geöffnet ist.

»Und wer hat Ihnen das gesagt?«, fragt der Aufseher griesgrämig.

»Die Frau vom Schalter«, erwidert der Reisende, der bemüht ist, dem Mann nicht zu nahe zu treten.

»Tja, das ist ein Irrtum«, gibt der Aufseher missmutig zurück.

»Das müssen Sie ihr sagen«, meint der Reisende ohne klein beizugeben.

Der Mann wirft ihm einen resignierten Blick zu:

»Na dann gehen Sie rein, aber machen Sie schnell.«

Es ist die Tür zur alten Sakristei, einem der fünf Räume, die zusammen mit dem Kapitelsaal das Museum bilden. Jeder dieser Räume ist anders. Die Sakristei zum Beispiel, die aus dem 13. Jahrhundert stammt und in der 1521 anscheinend die erste Zusammenkunft der *comuneros* von Ávila stattfand, zeugt von reinster Gotik, während die zwei Jahrhunderte später entstandene Bibliothek, der bedeutendste Raum des Museums, bereits im plateresken Stil erbaut wurde. Auch die Exponate sind sehr unterschiedlich. So gibt es in der Sakristei einen fein gearbeiteten Alabasteraltar mit einer Darstellung der Geißelung Christi, ein Werk von Villoldo, sowie einen mit wunderbaren Schnitzereien versehenen Schrank aus dem 18. Jahrhundert, während die Bibliothek eine Gemäldesammlung und Skulpturen aus der Zeit vom 12. bis zum 15. Jahrhundert beherbergt und in den drei letzten Räumen Messbücher, Gewänder und Objekte verschiedener Art zu sehen sind. Entweder aus schlechtem Gewissen (wegen seiner Reaktion von vorher) oder um ihn zur Eile anzutreiben, zählt der Aufseher, der immer noch missgestimmt ist (das liegt vermutlich an seinem Charakter) dem Reisenden die wichtigsten Dinge auf. Nach seiner Darstellung beschränken sich diese, vielleicht wegen der vorgerückten Stunde, auf den Alabasteraltar von Villoldo, einen fünfzehnarmigen Teneberleuchter für die Osterliturgie, ein Gemälde, das von El Greco, und ein weiteres, das sogar von Raffael stammen soll (wahrscheinlich trifft beides nicht zu), diverse romanische und gotische Marienfiguren (alle ohne Angabe der Herkunft), den Bischofsring und das Kruzifix von San Segundo, der Ávila zum Christentum bekehrte, und natürlich die große Monstranz von Juan de Arfe, die in einem eigens für sie bestimmten Raum zu bewundern ist. Wäre der Aufseher nicht so in Eile, hätte der

Reisende noch etwas länger vor den *braseros* und den Mess-
büchern (von denen eines, ein aquitanisches aus dem
13. Jahrhundert, Noten ohne Pentagramm hat) und auch
vor dem schönen, vom Holzwurm befallenen Kruzifix verweilt, über dessen Herkunft sein Begleiter ebenfalls nichts
weiß.

»Sind Sie fertig?«, fragt dieser und rasselt mit dem Schlüsselbund.

»Ja«, erwidert der Reisende resigniert.

Resigniert hetzt er auch durch den Kreuzgang zurück (von
dessen Kapitellen lange Eiszapfen herabhängen), angetrie-
ben von der Kälte und dem Aufseher, der ihm auf den Fer-
sen folgt und sich noch schnell vergewissert, dass niemand
drinnen geblieben ist. Kein Mensch ist mehr da, nicht mal
die Frau am Schalter. Die ist bestimmt schon zu Hause und
sitzt an der warmen Heizung. Es ist vier Uhr nachmittags,
aber es herrscht fast schon Dunkelheit. In der Kathedrale
kann man tatsächlich kaum noch etwas sehen.

»Wo sind eigentlich die Priester?«, fragt der Reisende beim
Hinausgehen, während der Aufseher zuschließt.

»Die wärmen sich zu Hause die Füße am *brasero*!«, raunzt
der Mann und verschwindet nach einem kurzen Blick auf
den Platz um die Ecke.

Bis neun Uhr (tiefste Nacht in Ávila) macht sich der Reisende Notizen in seinem Hotel, dessen überdachter Innen-
hof als großer Salon dient. Der Palacio de los Velada gegenüber der Kathedrale, ein ehemaliger Adelspalast, wie es
einige in Ávila gibt, die meisten geschlossen, ist heute eins
der besten Hotels der Stadt, vor allem wegen dieses Innen-
hofs im Renaissance-Stil, in dem von der draußen herr-

schenden Kälte nichts zu spüren ist und wo außer dem Reisenden an diesem Januarabend nur zwei Touristenpaare sitzen (jedes in einer Ecke), eins davon homosexuell, was man an den Blicken der Kellner ablesen kann. Der Reisende ist jedenfalls den ganzen Abend mit seinen Notizen beschäftigt, wobei er nicht nur das festhält, was er gesehen hat und was (trotz Bischof und Aufseher) seine ursprünglichen Vorstellungen übertraf, sondern auch die verschiedenen Bilder, die sich ihm eingeprägt haben und die vor seinen Augen hängen wie die Eiszapfen von den Dächern der Stadt: das Aufwachen am Morgen in Valladolid, die Fahrt nach Ávila, die wie ein mittelalterlicher Wintertraum vor ihm auftauchende Stadt, die von Eis überzogene Kathedrale … Bilder, die sich wie in einem Traum wiederholen und die ihm erneut in den Sinn kommen, als er auf dem Weg zum Abendessen ist, das er im Restaurant La Casona neben der Puerta del Rastro einnimmt, und auch später auf dem Rückweg zum Hotel entlang den Mauern, während er das Eis unter seinen Stiefeln knirschen hört, den einzigen, die in dieser Stadt zu dieser Stunde noch zu vernehmen sind.

Die Juden von Tudela

Die Autobahn nach Tudela, der zweitgrößten Stadt Navarras, verläuft mitten durch die Landschaft, doch der Reisende braucht eine Weile, bis er sie gefunden hat. Ausgangs von Pamplona gibt es so viele Kreuzungen (mit einer so dürftigen Beschilderung), dass er, ehe er sich versieht, inmitten von Feldern steht. So sehr hat er sich verfahren, dass ihm ein Schäfer den Weg erklären muss.

»Sie müssen wieder ganz zurück«, meint der.

Der Schäfer schaut ihm mit gelangweilter Miene nach. Er ist mutterseelenallein hier, nicht einmal ein Hund leistet ihm Gesellschaft. Im Hintergrund liegt ein Dörfchen, das ebenfalls ziemlich verlassen aussieht.

Doch der Reisende ist nur sechs Kilometer von Noáin entfernt, wo er endlich auf die Autobahn stößt.

Er darf jetzt nicht mehr anhalten. Nachdem er ewig in Pamplona herumgeirrt ist und vorher noch im Café Iruña gefrühstückt hat, ist der Morgen so weit fortgeschritten, dass er nicht einmal, wie geplant, einen Abstecher nach Olite macht, der alten Residenz der Könige von Navarra.

Das Landschaftsbild ändert sich deshalb nun sehr schnell. Als es flacher wird, ist die Umgebung zuerst von Saat- und Getreidefeldern geprägt, die dann in Richtung Ebro von Gemüseplantagen abgelöst werden. Tudela liegt am Ebro, im südlichen Zipfel der Stierhaut, an welche die Region Navarra ihrer Form wegen erinnert und deren nördliches Ende an den Pyrenäen hängt.

Es dauert jedoch noch eine Weile, bis die Stadt auftaucht. Nachdem der Reisende von der Autobahn abgefahren ist, muss er zuerst noch ein paar weitere Landstraßen passieren. Dabei fährt er auch über den Ebro mit seinen nach den starken Regenfällen der letzten Tage aufgewühlten, schmutzigen Fluten. Er hat die Farbe der Erde dieser Gegend, und auch die der Stadt an seinem Ufer. Dieses Ockerbraun, das von ihren Backsteinen und von ihrer Geschichte herrührt. Tudela ist nämlich als typische Mudéjar-Stadt aus Backsteinen und Lehm erbaut. Von daher unterscheidet es sich auch sehr von Pamplona, zu dessen Diözese (und Verwaltungsbezirk) es gehört. Gegründet wurde die Stadt 802 von einem arabischen Heerführer, Amrus ibn Yusuf al-Muwalad, während der Herrschaft von Emir al-Hakam I. Sie sollte als Vorposten im Kampf gegen die Christen dienen, und obwohl sie bald von diesen erobert wurde (im Jahre 1119 unter Alfons I., dem damaligen König von Aragón und Navarra), ist das arabische Gepräge unübersehbar in der Stadt, die einst zu den berühmtesten des islamischen Spaniens zählte. Was unter anderem daran liegt, dass Tudela fast bis ins 20. Jahrhundert hinein nicht über seine Stadtmauern hinauswuchs. Die Bevölkerung blieb im Stadtkern, in den ehemaligen Vierteln der Juden, der Mauren und der Morisken, die nacheinander 1498, 1516 und 1610 aus Navarra vertrieben worden waren.

Doch von all dem weiß der Reisende noch nichts. Im Augenblick ist er so damit beschäftigt, einen Parkplatz zu finden, dass er keine Zeit für historische Betrachtungen hat. Außerdem ist es schon ziemlich spät (zwölf Uhr), obwohl er von Noáin aus durchgefahren ist. Da kam ihm dieses und jenes dazwischen, denkt er, während er das Auto abstellt (auf einem kleinen Platz mit einer Baustelle, der anscheinend nicht weit vom Zentrum entfernt ist), und am Ende war der ganze Morgen vorbei.

Also verliert er nicht noch mehr Zeit mit irgendwelchen Nachforschungen, sondern macht sich sofort in Richtung Altstadt und Kathedrale auf, die sich, wie ihm ein Passant gesagt hat, ganz in der Nähe befindet. Und tatsächlich steht sie schon bald vor ihm, wenn auch halb versteckt zwischen den Häusern. Wie viele Kathedralen kann man auch diese nicht von weitem in Augenschein nehmen.

Dummerweise sind hier zurzeit auch noch Bauarbeiten im Gange. Die Zäune und Absperrgitter schützen die Kathedrale nicht nur vor den Leuten, sondern halten diese auch von ihr fern. *Baufirma Zubillaga. Stiftung für die Erhaltung der historischen Kulturschätze Navarras. Restaurierung der Kathedrale von Tudela* steht auf einem Schild an der Plaza Vieja, dem Platz vor der Nordfassade. Man erfährt auch die Gesamtkosten: 1 175 532,57 Euro, und die Dauer der Arbeiten: April 2002 bis April 2003. Diese Zeitspanne ist schon vergangen, denn heute ist der 5. September.

Der in einem Häuschen sitzenden jungen Frau, die den Zugang zur Baustelle bewacht, ist das nicht bewusst, wohl aber, dass hier keiner durch darf. Nicht einmal, um mit dem Bauleiter zu sprechen, dem Mann dort an der Tür, sagt sie mit dem Finger deutend.

So muss sich der Reisende also, obwohl er es eilig hat, mit Geduld wappnen und warten, bis der Betreffende zu ihm herüberkommt, was dieser tatsächlich auch tut, nachdem er sein Gespräch mit einem der Arbeiter beendet hat. Der

Mann ist schon älter, und man sieht ihm an, dass er hier die Verantwortung trägt.

»Was wünschen Sie?«

»Ich möchte die Kathedrale besichtigen«, sagt der Reisende mit betont sanfter Stimme, denn er kann sich die Antwort schon denken.

»Unmöglich«, erwidert der Mann.

»Wissen Sie«, erklärt der Reisende im Bemühen, ihn umzustimmen, »ich bin von weit hergekommen, um sie zu sehen.«

»Das glaub' ich Ihnen, aber ich darf nicht. Aus Sicherheitsgründen.«

»Und wenn ich Ihnen sage«, versucht es der Reisende, der sich noch nicht geschlagen geben möchte, weiter, »dass ich ein Buch über spanische Kathedralen schreibe …«

Doch der Mann lässt sich nicht erweichen. Weder durch das Bekenntnis des Reisenden noch durch seine Liebenswürdigkeit. Der Mann ist sehr verantwortungsbewusst und hält sich, wie er sagt, nur an die Vorschriften.

»Es tut mir leid, aber ich darf wie gesagt niemand durchlassen.«

»Vielleicht könnte man ja an höherer Stelle nachfragen?«, wagt der Reisende, der dem Mann nicht zu nahe treten will, noch einen Versuch.

»Bei der Stiftung«, meint der Bauleiter.

»Welche Stiftung?«

»Die Stiftung Príncipe de Viana«, erwidert der Mann und deutet auf das große Schild mit dem Namen der Institution, die die Bauarbeiten finanziert und durchführen lässt.

»Und wo ist diese Stiftung?«, fragt der Reisende mit einem letzten Hauch von Hoffnung.

»In Pamplona«, antwortet der Bauleiter und macht diese damit zunichte, vor allem als er noch hinzufügt, dass vor Montag niemand dort anzutreffen ist.

»In Ordnung«, kapituliert der Reisende schließlich und betrachtet von seinem Standort aus den kleinen Teil der Kathedrale, den man durch die offene Tür erkennen kann. Alles ist aufgerissen und das Ganze sieht aus wie eine Ruine. Die Frau vom Tourismusbüro gegenüber dem Westportal ist zwar freundlicher als die in dem Häuschen vor der Kathedrale, doch auch sie kann dem Reisenden nicht viel weiterhelfen. Die vom Museum dagegen, das nur zwei Schritte entfernt ist (es befindet sich in einem alten Palast, dem Palacio del Deán), drückt ihm nicht nur ein paar Broschüren in die Hand, sondern eröffnet ihm auch gewisse Perspektiven. Es gebe Führungen um die Kathedrale herum und durch den Kreuzgang, erklärt sie ihm, das sei das einzige, was man besichtigen könne.

»Um wie viel Uhr?«

»Am Nachmittag.«

Die Frau nennt ihm die genauen Zeiten, und da die nächste Besichtigung erst um halb fünf ist, verlässt er das Museum, um sich Tudela anzusehen, das er bei seiner Ankunft nur flüchtig wahrgenommen hat. Zuerst macht er aber noch einmal kehrt, um das imposante Westportal genauer zu betrachten. Es ist aus schwarzem Stein, der wie Schiefer aussieht, und zeigt acht auf filigranen Säulen ruhende Archivolten mit unzähligen Keilsteinen, auf denen offenbar die Apokalypse dargestellt ist. Erstaunlich ist das glatte und schmucklose Tympanon (vielleicht wurden die Schmuckelemente ja abgeschlagen), das einen Kontrast zu den reichen Verzierungen bildet. Was für eine Pracht!, denkt der Reisende voller Bewunderung.

Beeindruckend ist auch die Altstadt von Tudela, obwohl sie sehr heruntergekommen wirkt, besonders an einigen Stellen, wo die Häuser völlig marode sind. Im neuen Teil der Stadt ist genau das Gegenteil der Fall, doch dafür ist dieser auch ziemlich hässlich. Zum Glück liegt zwischen beiden Teilen, dem alten und dem neuen Tudela, als Bindeglied die weitläufige Plaza de los Fueros mit ihren Arkaden und ihren Wappen (die der Ortschaften des Ebro-Ufers) und lässt alles etwas freundlicher aussehen. So wirkt es zumindest auf den Reisenden, als er vor diesem außergewöhnlichen Platz steht, auf dem einst auch Stierkämpfe stattfanden (es gibt entsprechende Mosaiken) und der heute mit verschiedenen Cafés und an einer Ecke sogar mit einer Buchhandlung aufwartet, in der man sich in aller Ruhe umsehen kann. Der Buchhändler, ein wortkarger Mann, erlaubt dies nicht nur, er ermutigt auch mit seiner Haltung dazu.

Beim Stöbern stößt der Reisende auf ein Buch, das sofort sein Interesse weckt. Es trägt den Titel *Libro de viajes* und stammt von Benjamín de Tudela, einem Mann, der laut Klappentext im 12. Jahrhundert hier lebte, dann aber (hundert Jahre vor Marco Polo!) den mittleren Osten und Kleinasien bereiste und dort die verschiedenen jüdischen Gemeinden besuchte. Der Buchhändler, der selbst wie ein Jude aussieht (obwohl er statt der Kippa ein Toupet trägt), empfiehlt ihm zur Ergänzung noch ein anderes Buch: die Anthologie zweier jüdischer Dichter, die ebenfalls aus Tudela stammten und Zeitgenossen Benjamíns waren: Jehuda ha-Levi, der als Vater der hebräischen Dichtung in Spanien

gilt, und Abraham ibn Esra, der sich neben der Dicht-
kunst auch der Wissenschaft und der Übersetzung wid-
mete.

»Wie viel kosten die?«

»Wenig. Ich gebe sie Ihnen zum halben Preis.«

Mit den beiden Büchern unter dem Arm, einer Zeitung, die
er vorher an einem Kiosk gekauft hat, und einem Stadtführer von Tudela verlässt der Reisende die Buchhandlung und
schlendert weiter über den Platz, der um diese Zeit menschenleer ist. Nur an einem der Cafétische draußen sitzen
ein paar Leute mit Freunden beim Aperitif und schieben
noch ein bisschen das Mittagessen hinaus. Der Reisende,
der keine Freunde in der Stadt hat, verzichtet auf den Aperitif und setzt sich stattdessen ins erstbeste Restaurant, das
auf seinem Weg liegt, das El Muro, benannt nach der Straße,
in der es sich befindet. Es ist weder gut noch schlecht, weder
billig noch teuer. Vielleicht, so denkt der Reisende beim
Hinausgehen, hätte er auf den Buchhändler hören sollen,
der ihm ein Restaurant neben seinem Laden empfohlen
hatte, unter den Arkaden.

Plötzlich ist es warm. Um vier Uhr hat sich endlich die
Sonne gezeigt, und da immer noch Sommer ist, hat sie viel
Kraft, wobei die Wärme noch durch die Feuchtigkeit ver-
stärkt wird, für die der Ebro hier an seinem Ufer sorgt.

Sich immer im Schatten haltend, geht der Reisende zur
Altstadt zurück, wo er den Palacio del Deán aufsucht. Das
Gebäude, dessen Name sich auf die Dechanten bezieht, die
mehrere Jahrhunderte der damals zu Tarazona gehörenden
Kirche von Tudela vorstanden, war auch Sitz der vier Bi-
schöfe, die es hier seit der Gründung der Diözese im Jahre

1783 bis zu ihrem faktischen Ende 1845 gab, als der Bischofs-
sitz nach dem Tod des letzten Amtsinhabers vakant blieb,
obwohl Tudela kirchenrechtlich weiterhin eine Diözese ist,
welche an die von Pamplona angeschlossen wurde. So zumindest erzählt es Amaya, die Führerin des Museums, als sie
erklärt, warum diese Kathedrale immer noch eine Kathedrale ist, obwohl es seit anderthalb Jahrhunderten keinen
Bischof mehr gibt.

Amaya, eine sehr gescheite und nette junge Frau, überlässt
das Museum der Obhut einer ihrer Kolleginnen und macht
sich bereit, dem Reisenden (und dem seltsamen Touristen-
paar, das sich ebenfalls für die Führung angemeldet hat) die
Umgebung der Kathedrale zu zeigen. Leider wird sich der
Mann des Paares, ein dicker Typ namens Jon, der sehr stolz
darauf ist, Baske zu sein, und der vorgibt, die Geschichte
dieser Gegend besser als irgendein anderer zu kennen, bei
der Führung als sehr verbissener Zeitgenosse entpuppen.
Als Amaya zum Beispiel erzählt, die Juden seien 1498 auch
aus Navarra vertrieben worden, also noch bevor dieses
an Kastilien fiel, beharrt Jon darauf, dass die Kastilier sie
vertrieben hätten, die er als guter baskischer Nationalist
für alle möglichen Untaten verantwortlich macht. Und
als Amaya darauf hinweist, dass das Westportal Portal des
Jüngsten Gerichts genannt wird, setzt Jon eine skeptische
Miene auf, als wolle die arme Frau sie alle auf den Arm nehmen.

»So ein Quatsch. Das mit dem Jüngsten Gericht ist doch
ein Märchen«, bemerkt er herablassend.

Zum Glück fährt Amaya einfach fort. Ohne Jon und seine
ständigen Unterbrechungen zu beachten (die immer laut-

126

stärker werden, bis ihn seine Frau irgendwann zusammenstaucht), geht sie auf die einzelnen ikonographischen Elemente dieses Portals ein, das zu den schönsten zählt, die der Reisende je gesehen hat; es ist mindestens so schön wie das in Santiago. Sage und schreibe einhundertzwanzig Keilsteine, die in ihrer Gesamtheit die Schöpfungsgeschichte darstellen, schmücken die vom Antlitz Christi und seiner Apostel getrennten Archivolten. Die unteren, die dem Portal seinen Namen geben (es wird auch Puerta Pintada genannt, weil es früher, wie Amaya erklärt, tatsächlich bemalt war), zeigen Szenen des Jüngsten Gerichts, mit den Seligen auf der linken und den Verdammten auf der rechten Seite, doch Jon, der Nationalist, bleibt dabei, dass sich die Kirche das alles nur ausgedacht hat, um die Dummen hinters Licht zu führen.

»Jon, bitte!«, sagt seine Frau, die sich immer unwohler fühlt, flehend.

Aber Jon lässt sich nicht beirren:

»Ich hab' genug davon, mir diesen Quatsch anzuhören, Mensch!«

»Jon! Entweder du hältst jetzt den Mund oder ich gehe!«

Die Drohung zeigt Wirkung, und Jon verhält sich, wenn auch zähneknirschend, für einen Augenblick ruhig, so dass Amaya mit ihren Erklärungen fortfahren und abschließend darauf hinweisen kann, dass das Portal Ende des 12., Anfang des 13. Jahrhunderts entstand, also in der Zeit des Übergangs von der Romanik zur Gotik, eine Aussage, gegen die Jon glücklicherweise keine ernsthaften Einwände vorzubringen hat.

Vom Westportal aus führt Amaya sie zur Plaza Vieja, wo die

Baustelle ist. Dort befindet sich hinter den Absperrgittern und den Schildern das Nordportal, auch Puerta de Santa María genannt. Es ist ebenfalls romanisch, aber mit seinen geometrischen und floralen Motiven viel schlichter als das Westportal. Das Beste sind laut Amaya die Platten der Kapitelle, auf denen Szenen aus der Bibel sowie die Wundertaten verschiedener Heiliger dargestellt sind. Leider, entschuldigt sie sich, könne man sie wegen der Bauarbeiten nicht sehen.

»Das macht nichts«, sagt der Reisende lächelnd, bevor Jon das Wort ergreifen kann.

Auf dem Weg zur Südseite, wo sich das dritte Portal befindet, nutzt Amaya die Gelegenheit, um von den Ursprüngen der Kathedrale zu erzählen. Diese ist offenbar aus einer Moschee entstanden, deren Überreste man entdeckte, als für die Bauarbeiten die Plaza Vieja aufgerissen wurde. Es handelt sich um die älteste Moschee Tudelas, die auf Geheiß von Muza II. gebaut wurde, demselben Herrscher, der auch die Weiße Moschee in Zaragoza bauen ließ. Sie diente bis 1121, dem Jahr, in dem Tudela von den Christen erobert wurde, als islamische Kultstätte. Es seien noch ein paar Konsolen aus dieser Zeit erhalten, sagt Amaya, die sie ihnen zu gegebener Zeit zeigen werde.

»Das will ich hoffen«, sagt Jon, der schon lange nicht mehr den Mund aufgemacht hat.

Das Südportal oder Puerta de la Virgen zeugt ebenfalls von reinster Romanik. Es ist noch älter als die beiden anderen und vom Stil her dem Nordportal ähnlich, aber eine seiner Archivolten weist ein Zickzackmuster unverkennbar islamischer Prägung auf. Leider wird das Portal (das wie die gesamte Fassade zwischen den umliegenden Gebäuden kaum zu sehen ist) von einer Art Vorsprung und zwei verblassten Todesanzeigen verunstaltet. Warum man die wohl hier hingehängt hat?

Die Besichtigung der Kathedrale ist wegen der Bauarbeiten hier beendet. Es fehlt noch der Kreuzgang, den sie ihnen später zeigen wird, informiert Amaya den Reisenden (Jon und seine Frau streiten gerade miteinander), als sie zur Plaza Vieja zurückgehen, um sich die Kathedrale noch von dort aus anzusehen. Das sei die einzige Stelle, so Amaya, von wo aus man sie fast ganz sehen könne. Die Kathedrale ist nicht groß, auch nicht besonders schön, aber sie strahlt diese seltsame Anmut aus, welche Dingen eigen ist, die nicht aus einem Guss gemacht sind. Der im 12. und 13. Jahrhundert entstandene Komplex wird ergänzt durch einen Gebäudeteil mit einem Vierungsturm aus Backstein im Renaissance-Stil und einem Turm, der oben ebenfalls aus Backstein besteht und der als einziger der beiden ursprünglichen Türme die Zeit überdauert hat. Turm und Vierungsturm bilden einen Kontrast zum restlichen Gebäude, wobei der Backstein, aus dem im übrigen die ganze Altstadt von Tudela besteht, diesen etwas abmildert.

Nach dieser Außenbegehung der Kathedrale macht sich Amaya mit ihnen auf den Weg zur Kirche Santa María Magdalena, der ältesten von Tudela, wie sie sagt, die zusammen mit der Kathedrale zum Nationalen Kulturdenkmal erklärt wurde. Dabei kommen sie durch einen Teil der Altstadt, der noch enger und labyrinthischer ist als die Umgebung der Kathedrale. Alte, baufällige oder eingestürzte Häuser wechseln sich ab mit Neubauten, von denen einige ziemlich abstoßend aussehen, und mit verlassenen oder kurz vor dem Verlassen stehenden Klöstern. Man sieht, dass man hier mitten im Herzen des mittelalterlichen Tudela der Handwerker ist, jenes Tudela, das im Lauf der Jahrhunderte am Ufer des am Ende des Gassengewirrs zu erahnenden Ebro und im Schatten dieses romanischen Glockenturms heranwuchs (einer der drei oder vier, die es in der Gegend noch gibt). Der Glockenturm hat als einziger in Tudela die besondere Funktion, den Bewohnern der Stadt die Zeit anzuzeigen.

Doch die Kirche Santa María Magdalena besitzt noch eine andere Besonderheit. Deretwegen hat Amaya sie hierhergebracht, aller Unmutsbekundungen von Jon, dem Nationalisten, zum Trotz. Diese Besonderheit ist keine andere als das Portal der Kirche. Romanisch wie die Puerta del Juicio Final der Kathedrale, jedoch besser erhalten als diese, weist es vier Archivolten mit phantastischer Verzierung (Greife, Hirsche, mythologische Tiere und Pflanzen) und Szenen aus dem Evangelium sowie ein Tympanon auf, das einen Pantokrator mit Maria Magdalena, der Schutzheiligen der Kirche, an einer Seite und einem dem Grab entsteigenden Lazarus an der anderen Seite zeigt, das alles umgeben von einem sehr originellen Zackenfries.

»Herrlich«, sagt der Reisende voller Bewunderung.

»Manche behaupten«, erklärt Amaya, ohne Jons skeptische Miene zu beachten, »dass es vom selben Baumeister stammt, der den Pórtico de la Gloria in Santiago de Compostela entworfen hat.

»Von Meister Mateo«, sagt der Reisende gelehrig.

»Genau«, erwidert Amaya und geht hinein.

Das Innere der Kirche ist ebenfalls sehr sehenswert, doch den Reisenden würde es, wie vorher bereits Jon, mehr reizen, den Kreuzgang der Kathedrale zu sehen, den sie sich für später aufgehoben haben. Auf dem Rückweg zeigt Amaya ihnen aber noch eine andere Kirche, San Nicolás (diese nur von außen, weil sie seit einiger Zeit geschlossen ist), und zwei, drei Klöster und Paläste aus dem Mittelalter, und sie werden sogar Zeugen einer Verfolgungsjagd durch die Gassen der Altstadt. Ein Zigeuner, der umgekehrt in eine Einbahnstraße gefahren ist (wie sich später herausstellt), ist mit einem Polizisten zusammengestoßen, der ihn jetzt hupend und mit heulender Sirene auf seinem Motorrad verfolgt. Weder das Motorrad noch das Auto fahren besonders schnell, doch durch die Enge der Gassen gestaltet sich die Verfolgungsjagd sowohl für die beiden Beteiligten als auch für die Fußgänger als ziemlich gefährlich. Zum Glück sind um diese Zeit, abgesehen von ein paar Bewohnern des Viertels, die draußen ein bisschen frische Luft schnappen, wenig Leute unterwegs.

»Schnell weg, da kommen sie wieder!«, schreit Amaya, als der Zigeuner erneut in der Straße auftaucht.

Die Verfolgungsjagd hält noch eine Zeitlang an, aber da sich die Polizeisirene immer mehr entfernt, geht die Gruppe schließlich weiter. Bald erreichen sie die Kathedrale, die näher ist, als es den Anschein hatte.

Der Kreuzgang, das einzige, was derzeit besichtigt werden kann, ist eine Oase inmitten der Großbaustelle. Er macht zwar keinen sehr gepflegten Eindruck (Grasbüschel wachsen zwischen den feuchten Steinen), aber er ist so klein und schön, dass man meint, er sei der Phantasie entsprungen.

Vor allem um diese Zeit, da die Sonne nur noch auf die Bogen der Ostseite und die Dächer darüber scheint. Der Rest liegt im Halbdunkel, was den ganzen Kreuzgang noch geheimnisvoller aussehen lässt.

Doch laut Amaya ist das einzig Geheimnisvolle an diesem Ort seine Ungleichmäßigkeit. Eine Ungleichmäßigkeit, die darauf zurückzuführen ist, dass der Kreuzgang zwischen bereits bestehende Gebäude eingefügt werden musste und damit von der Kathedrale getrennt ist. Seine Schönheit und architektonische Harmonie, die Reinheit seines Stils (Romanik, 12. Jahrhundert), die ikonographische Gestaltung seiner Kapitelle sowie die Tafeln, die seine Geschichte in aller Ausführlichkeit erklären, machen ihn jedenfalls zu einer Sehenswürdigkeit, die allein schon einen Besuch in Tudela lohnt. Für den Reisenden, der die Kathedrale ja nicht von innen kennt, ist das Interessanteste jedoch die alte Synagoge, die heute eine Kapelle ist und für die Dauer der Bauarbeiten als Museum der Kathedrale dient. Dort verabschiedet sich Amaya von ihnen, nicht ohne zuvor noch das Geheimnis des Stücks Stoff zu lüften, das an einer Wand hängt:

»Das ist eine Reproduktion der sogenannten *Manta*, einer Art Decke aus dem 17. Jahrhundert mit den Namen der Juden von Tudela, die nach dem Dekret über die Vertreibung zum katholischen Glauben konvertierten.«

»Die Vertreibung aus Kastilien«, merkt Jon an.

»Auf diese Decke geht der Ausdruck *tirar de la manta* zurück«, fährt Amaya fort, ohne auf Jons Bemerkung einzugehen. »Wenn wir sagen, dass wir ›an der Decke ziehen‹, meinen wir heute, dass wir etwas Geheimgehaltenes aufdecken, in Anspielung darauf, dass die Decke, wie Sie sehen, zusammengerollt ist, ursprünglich wurde diese Wendung jedoch gebraucht, wenn jemand behauptete, er sei schon immer Christ gewesen.«

»Ach, tatsächlich!«, sagt der Reisende, während er die Decke betrachtet.

Er ist begeistert. Gerade hat er den Ursprung eines alten Ausdrucks erfahren, und so etwas freut ihn immer. Außerdem handelt es sich hier um eine Redewendung, die nicht nur dem Lauf der Zeit, sondern auch dem der Religionen getrotzt hat. Auch wenn Jon nach wie vor behauptet, das sei alles Quatsch.

»Wenn Sie wollen, können Sie sich nachher noch das Museum anschauen«, sagt Amaya und meint den Palacio del Deán, wohin sie jetzt zurückgeht.

Zum Glück folgt ihr das Paar hinaus (die beiden gehen aber nicht mit zum Museum, sondern streiten irgendwo anders weiter), und der Reisende bleibt allein in der Synagoge zurück, wo er sich die Decke und die anderen Exponate anschaut. Dann setzt er seine Besichtigung des Kreuzgangs fort und verweilt sich dort vor allem mit dem Lesen der Informationstafeln und der Interpretation der Kapitelle mit ihrem überaus reichen Schmuck. Es gibt wirklich sehr schöne darunter, aber auch reichlich zerstörte.

Halb sieben. Der Reisende macht sich rasch auf den Weg zum Palacio del Deán, um zu sehen, was es dort noch gibt (nichts Nennenswertes, außer vielleicht einem Tafelbild, das Hieronymus Bosch zugeschrieben wird), und um sich endgültig von Amaya zu verabschieden, die ihm empfiehlt, vor der Heimkehr noch zum Cerro de Santa Bárbara hochzufahren, einem Hügel, von dem aus man ganz Tudela sehen kann.

»Das ist der beste Blick auf die Stadt«, verrät sie ihm, während sie das Museum für heute schließt.

Folgsam tut der Reisende, wie ihm geheißen. Bei den letzten Sonnenstrahlen des Tages überquert er die Plaza Vieja und geht durch die Gassen der Altstadt und das frühere Judenviertel in Richtung Cerro de Santa Bárbara. Im Gegensatz zu vorher sieht man jetzt massenweise Leute hier, vor allem Immigranten und Zigeuner. Tudela ist nämlich infolge der starken Einwanderung in der letzten Zeit wieder zu der multikulturellen Stadt geworden, die es im Hochmittelalter war, als hier Moslems, Juden und Christen zusammenlebten. Daran erinnert gerade Virginia Coscolín, die Inhaberin eines öffentlichen Backhauses eindeutig jüdischer Prägung, das sie von ihrer Familie geerbt hat und das, wie sie sagt, fünfhundert Jahre alt ist.

»Es gibt noch eins«, fügt sie hinzu, »aber das ist neuer.«

Manolo der Schrotthändler und seine Frau dagegen, die in der Calle de San Miguel (in der früheren Judería Nueva) wohnen, sehen das Ganze weniger positiv als Virginia und beschweren sich sogar über die Einwanderer. Vor allem über die *moros*, die Marokkaner.

»Bei den Zigeunern gibt es gute und schlechte«, sagt der Mann im Brustton der Überzeugung. »Die *moros* sind aber alle schlecht.«

»Die kommen doch nicht mal untereinander klar!«, schlägt seine Frau in die gleiche Kerbe, ohne sich darum zu kümmern, dass die Nachbarn mithören. Vielleicht weil diese genauso denken wie sie.

Während Manolo der Schrotthändler und seine Frau weiter vor sich hinschimpfen (das tun sie wahrscheinlich noch bis in die Nacht hinein), setzt der Reisende seinen Weg in Richtung Hügel fort und lässt bald die letzten Häuser hinter sich. Je höher er kommt, desto besser sieht er die Stadt und die sie umgebenden Gemüsefelder. *Mejana* sagen die Bewohner von Tudela zum Ebro-Ufer hier, wie er von einer Frau erfährt, die ganz allein dort oben steht und hinunterblickt, so wie jeden Abend. Die Frau wohnt in der Nähe, erklärt sie, und arbeitet freiwillig bei den Ausgrabungen mit, die auf dem Hügel durchgeführt werden und die sie dem Reisenden liebend gerne zeigt. Sie liebt auch das Theater, das merkt man an ihrer Ausdrucksweise und ihrer Art zu erzählen. Der Reisende nimmt das Angebot erfreut an und lässt sich von ihr bis zur höchsten Stelle des Hügels führen, wo noch ein Stück von der Stadtmauer steht und von wo aus man ganz Tudela sehen kann, unten den alten Kern, weiter hinten die Neustadt und noch ein Stück weiter, je nachdem wohin man schaut, der Ebro mit seiner *mejana* oder die unverkennbare Silhouette des Moncayo in Richtung Aragón. Das praktisch direkt angrenzt, denn Tudela und Tarazona sind nur zwanzig Kilometer voneinander entfernt. Ein wirklich überwältigender Blick, bei dem es einen nicht wundert, dass Leute wie Carmen jeden Tag hier hoch kommen, um sich die Abenddämmerung anzusehen.

Doch selbst hier kann der Reisende den Predigern nicht entkommen. So wie Carmen, trifft man hier jeden Abend auch Florentino Zubiaurre, einen Jesuitenpater, der wegen seiner exzentrischen Art und seiner Beharrlichkeit in der ganzen Gegend bekannt ist und der auf seinem Moped Lebensmittel für die Armen sammelt und »Eintrittskarten« zum ewigen Leben verteilt. So nennt er zumindest die Heiligenbildchen, die er dem Reisenden und Carmen in die Hand drückt, nachdem er, ohne den Motor abzustellen oder seinen Helm abzunehmen, bei ihnen angehalten hat. Pater Zubiaurre hat es ganz offensichtlich eilig, mit seinem guten Werk fortzufahren.

»Er ist verrückt«, sagt Carmen, die ihm nachschaut, wie er auf seinem mit Lebensmitteltüten für die Armen beladenen Moped davonbraust.

Die Erschaffung der Welt

»Mehr! … Gehen Sie von drei bis dreieinhalb aus.«

»So viel?«, fragt der Reisende erstaunt.

Der junge Mann an der Rezeption nickt und erklärt es ihm. Bis Gerona, seinem Ziel, sind es mindestens drei Stunden Fahrtzeit, denn er muss durch die Pyrenäen.

»Bis Puigcerdá eine Stunde, eine weitere bis Ripoll und noch mal eine bis anderthalb Stunden bis Gerona … Und da dürfen Sie sich unterwegs nicht lange aufhalten«, sagt er und zeigt es ihm auf der Landkarte.

Der Reisende schaut sich das noch einmal genauer an. Eine lange rote Linie verläuft da vor seinen Augen und zeigt ihm die Strecke, die er zurückzulegen hat. Auf der Karte sieht es gar nicht so weit aus, aber man kann schon erkennen, dass es sich um eine ziemlich kurvenreiche Straße handelt.

Der Reisende verabschiedet sich von dem Mann an der Rezeption. Er will nicht noch mehr Zeit verlieren. Er ist zwar früh aufgestanden (es ist erst viertel vor neun), doch bei der Strecke, die vor ihm liegt, sollte er schleunigst aufbrechen.

Die Landschaft könnte allerdings nicht schöner sein. Bis Puigcerdá folgt der Reisende dem Lauf des Segre, der eine Krümmung nach rechts gemacht hat und jetzt durch ein fast schon alpines Tal fließt, die Gegend La Cerdaña. Dann wird es immer karger, je weiter die Straße zum Pass Collada de Tosas hochführt, in dessen Nähe die Skistation La Molina liegt, die immer noch auf den ersten Schnee wartet (dieses Jahr verzögert sich der Winter in dieser Gegend etwas), und so geht es weiter bis vor Ripoll, wo die Landschaft den Blick auf das Kloster mit der auf dem Glockenturm wehenden rotgelben katalanischen Fahne freigibt. Nicht umsonst wird dieses Kloster als die Wiege Kataloniens bezeichnet, denn das war es tatsächlich.

Ab Ripoll weht die *senyera* als Zeichen des katalanischen Nationalismus über allen Ortschaften und setzt so einen farbigen Akzent in der Landschaft: Sant Bernabé de les Tenes, Vallfogona, Riudaura … Schließlich Olot, umgeben von erloschenen Vulkanen, wie die ganze Gegend (die wunderschöne Garrocha), und noch etwas weiter Besalú, wo der Reisende anhält, um sich, die mittelalterliche Brücke und den Fluss vor Augen, etwas auszuruhen. Seitdem er losgefahren ist, hat er nur eine kurze Pause gemacht.

Ein Kaffee, ein Spaziergang durch den Ort und weiter geht's. Gerona liegt zwar ganz in der Nähe, aber eine halbe Stunde Fahrtzeit ist es mindestens noch.

Und nochmal so viel, um in die Stadt hineinzukommen. Die unzähligen Straßen, die durch sie hindurch und um sie herum führen, machen das Fahren zu einem schwierigen Unterfangen, zumal der Reisende sie kaum kennt. Glücklicherweise ragt das, was er sucht, weithin sichtbar in den Himmel und weist ihm wie ein Leuchtturm den Weg durch das Straßenlabyrinth.

Die Kathedrale leitet ihn fast bis vor ihre Tore. Zuerst stellt er aber sein Auto auf dem Parkplatz des Busbahnhofs ab und überquert die Brücke über den Onyar, in dem sich die Kathedrale und die Häuser der Altstadt spiegeln. Wie die Busse am Bahnhof hat jedes von ihnen eine andere Farbe und eine andere Form.

Wuchtig steht der steinerne Koloss am Horizont. Wie die Kathedrale so über der Stadt thront, erinnert sie ein wenig an die Seu Vella in Lérida, obwohl diese hier nicht so grandios ist. Sie hat ebenfalls nur einen Turm, aber anders als in Lérida, wo der Turm der Kathedrale durch den Kreuzgang getrennt ist, wirkt der hiesige Komplex ziemlich uneinheitlich. Dafür gibt es aber eine Freitreppe, die das Ganze wieder etwas ins Lot bringt; eine riesige Treppe mit hundert Stufen, auf der, so die Legende, irgendwann einmal das Jüngste Gericht stattfinden soll. Platz dafür ist jedenfalls reichlich vorhanden.

An ihrem Fuß hält der Reisende inne und holt, während er nach oben blickt, tief Luft, um sich für den Aufstieg zu wappnen. Um ihn herum auf dem kleinen Platz blickt ihn wiederum ein halbes Dutzend Leute an, die vor den Cafés sitzen und überlegen, ob er es wohl bis ganz hinauf schaffen wird.

Stufe für Stufe erklimmt der Reisende die Treppe, die die Ausmaße einer Tribüne hat, während die Kathedrale vor seinen Augen immer größer wird. Er hat den Eindruck, ein Gelübde zu erfüllen. Gewissermaßen tut er das auch, denn wie sonst sollte man seinen Entschluss verstehen, die spanischen Kathedralen eine nach der anderen zu besuchen? Nach ein paar kurzen Pausen kommt er endlich an. Er dreht sich um und betrachtet die Welt von dort oben.

Was für ein phantastischer Blick! Zu seinen Füßen führt die Treppe in schwindelerregendem Gefälle zu dem kleinen Platz hinunter, der, zwischen den Gebäuden eingequetscht, wie ein viereckiger Brunnen aussieht. Dahinter erstreckt sich die Stadt, zuerst um den Fluss herum und dann die

Hügel hinauf, die hier das Landschaftsbild prägen, als wäre Gerona ein neues Rom. Aber diese Stadt hat tatsächlich etwas Römisches, etwas, das über die Hügel und die überall verstreuten Glockentürme hinausgeht, etwas, das sich nicht nur an der Landschaft, sondern auch an ihrem Ursprung festmachen lässt. Wenn die Historiker nicht allzu sehr lügen, entstand Gerona nämlich als ein Feldlager zur Bewachung der Via Augusta, der wichtigsten Landverbindung zwischen Ampurias und dem Rest der iberischen Halbinsel. Seitdem hat die Stadt viel Wirrsal erlebt: die islamische Invasion, die Befreiung, die Frankenherrschaft – unter Karl dem Großen –, die Beteiligung an der Eroberung von Barcelona, dessen Grafschaft sie sich schnell anschließen sollte, die französische Invasion im Jahre 1808 ... All das hat Spuren hinterlassen, ebenso wie Handel und Gewerbe. Diese werden seit alters her betrieben, früher auch unter Mitwirkung der großen jüdischen Gemeinde, deren Existenz bis heute im Stadtbild sichtbar ist, wie der Reisende von der Treppe aus feststellen kann. Das frühere Judenviertel von Gerona, das direkt vor ihm liegt, ist nämlich eins der größten und besterhaltenen in ganz Europa.

Doch der Reisende kommt heute mit einem anderen Interesse. Er ist nicht hier hochgestiegen, um Gerona von oben sehen zu können, obwohl er das nebenbei natürlich auch tut, sondern um seine Kathedrale zu besuchen. Diese riesige Kirche, deren Barockportal wie ein über der Treppe thronendes steinernes Retabel vor seinen Augen emporragt. Er hat es bereits während des Aufstiegs gesehen, zuerst im Kleinformat und dann immer größer, bis es sich ihm schließlich in seiner ganzen Größe darbot.

Das Retabel beherbergt sieben Skulpturen (darunter Petrus, die Jungfrau Maria, der Heilige Josef, Jakobus, rechts vermutlich Paulus) und es ist das erste der vielen, die der Reisende heute noch sehen wird, denn die Kathedrale quillt förmlich davon über. So steht es in dem Faltblatt, das er zusammen mit der Eintrittskarte und einem Audioguide am Empfang bekommt, der sich in einem Seitengebäude befindet und über eine kleine Brücke zu erreichen ist.

»Folgen Sie einfach den Pfeilen«, sagt eins der Mädchen an der Kasse.

Von der Puerta de San Miguel aus, dem alten Portal der Domherren, wie dem Audioguide und dem Faltblatt zu entnehmen ist, bietet sich ein unvergleichlicher Blick auf die Kathedrale. Da es keine Säulen gibt, hat man den Eindruck, der Raum sei frei von jeglicher Materie. Die Kathedrale von Gerona ist nämlich die einzige in Spanien, deren Schiff nur von den Wänden getragen wird, trotz seiner beträchtlichen Breite. Sie ist wohl die größte dieser Art auf der Welt.

Sobald sich die Augen an die Dunkelheit gewöhnt haben (so dunkel ist es eigentlich gar nicht, nur im Vergleich mit der Helligkeit draußen), bekommt die Kathedrale eine geradezu magische Aura. Wie ein großer Baldachin aus Stein weiten sich die Gewölbe über dem ganzen Raum, unterbrochen lediglich von den gotischen Rippen, die sie tragen. Nur hinten im dreischiffigen Presbyterium – im mittleren Schiff befindet sich der Altar, die beiden seitlichen münden in den Chorumgang – bricht sich diese unendliche Flucht, diese sagenhafte Weite. Was für eine Schönheit, was für ein überwältigender Raum!

Dass er so entstehen konnte – so hört der Reisende an dieser

Stelle – liegt an einem Beschluss des Domkapitels, der damals so umstritten war, wie er heute angesichts des Resultats überzeugt. Nach der Beendigung des Presbyteriums im Jahre 1347 standen die Domherren vor der Frage, ob die Kirche dreischiffig werden sollte oder einschiffig, wie es in jener Zeit modern geworden war. Das Problem war die enorme Breite. Nach vielen Schmähworten, endlosen Diskussionen und einem Expertenkongress, der zur Klärung der Frage eigens einberufen worden war, entschied man sich dann schließlich entgegen den Empfehlungen der Fachleute für die innovativste Lösung. Eine gewagte Entscheidung, die dieses Wunder hervorbrachte, welches der Reisende jetzt vor sich hat. Er steht im hintersten Teil und ist völlig hingerissen von dem, was er sieht.

Der Pfeifton des Audioguide, der die Erklärung beendet, reißt ihn aus seiner Versunkenheit und fordert ihn auf, mit der Besichtigung der Kathedrale fortzufahren. Dies soll er, wie er hört, von links nach rechts tun, also im Uhrzeigersinn.

Der Reisende gehorcht und folgt, den Audioguide ans linke Ohr gepresst, den Anweisungen, was ihn vermutlich genauso ferngesteuert aussehen lässt wie die anderen Touristen auch. Wer hätte gedacht, dass er irgendwann das Gleiche tun würde wie die Menschen, vor denen er gemeinhin die Flucht ergreift.

Mit gebührendem Abstand, aber doch dem gleichen Weg folgend, beginnt er seinen Rundgang durch die Kathedrale, lauscht stets dem Audioguide, bleibt aber dort stehen, wo es ihm passt. Zum Beispiel vor dem Barockretabel der Capilla de la Concepción mit seiner Figur der Unbefleckten Empfängnis, einer der schönsten, die er je gesehen hat, oder direkt daneben in der Capilla de los Doctores, so genannt wegen ihrer Skulpturen der gelehrten Heiligen der Kirche, derjenigen, die sich durch ihren Intellekt hervorhoben, und natürlich auch vor den beiden besten der vielen Grabmäler, die es hier gibt: dem von Bischof Bernat de Pau, einer wunderschönen flämischen Alabasterarbeit, die den Verstorbenen von zahlreichen Figuren umringt zeigt (darunter die Engel, die ihn in den Himmel geleiten werden), sowie dem von Kardinal Anglesona, ebenfalls aus Alabaster und von einer fast übernatürlichen Perfektion.

Übernatürlich ist auch das gesamte Presbyterium, sowohl wegen seiner Architektur als auch wegen dem, was sich darin befindet. In der Mitte des Schiffes öffnet es sich wie eine Muschel aus Gewölberippen und Säulen, die hinter einem riesigen Gitter die bedeutendsten Schätze der Kathedrale in sich birgt: den Altar aus dem 11. Jahrhundert, den Bischofsstuhl aus der gleichen Zeit, der im Volksmund Stuhl Karls des Großen genannt wird (weil dieser der Überlieferung nach die Kathedrale erbauen ließ), den Silberbaldachin und das Retabel aus Silber, Gold und Email, beide aus dem 14. Jahrhundert, was zusammengenommen einen der kostbarsten Kirchenschätze Kataloniens darstellt.

Um das Presbyterium herum bildet der durch Säulen abgetrennte Chorumgang einen perfekten Halbkreis mit einer Reihe von Kapellen, von denen eine schöner und filigraner ist als die andere. Und das, obwohl viele, wie der Audioguide anmerkt, erheblich unter den Auswirkungen der französischen Invasionen, vor allem der von 1808, und des spanischen Bürgerkriegs im 20. Jahrhundert litten.

Die erste von links stellt genau diesen Zusammenhang her. Es ist die Capilla de San Andrés, deren Retabel allerdings dem Heiligen Narciso geweiht ist, einem Bischof aus Gerona, der auf Betreiben der Römer im 4. Jahrhundert den Märtyrertod starb und der in der Kirche San Feliú unweit der Kathedrale begraben ist. Sein Grabmal wurde von den Franzosen während der Invasion von 1285 geschändet, was den Grundstein für eine Legende legte, die in die spanische Geschichtsschreibung eingegangen ist: Als Strafe für dieses Sakrileg ließ der Heilige Narciso die Franzosen von einer Fliegenplage heimsuchen. Die seltsamen Tiere schwärmten aus seinem Grabmal und fielen über die Franzosen und deren Pferde her, was diesen enorme Verluste beibrachte und die Überlebenden Hals über Kopf zurück in ihr Land fliehen ließ. Von diesem Fliegenwunder, wie man es später im Volksmund nannte, finden sich überall Darstellungen, unter anderem auch hier in der Kapelle, wo man es auf einem Gemälde neben dem bemerkenswerten Retabel sehen kann, in dessen Mitte der Heilige der Fliegen steht, wie der gute San Narciso auch genannt wird.

Weiter in Richtung Mitte des Chorumgangs führt eine Treppe zu einem großen Raum, der heute als Kapelle für die tägliche Messe genutzt wird, früher aber als Sakristei diente und davor als Schlafstätte für die Domherren. Die Kapelle, die gerade restauriert wurde, wirkt sehr karg, sowohl wegen ihrer gotischen Architektur als auch wegen der wenigen Gegenstände, die sich in ihr befinden. Diese sind allerdings von großem Wert, insbesondere der Bischofsstuhl des alten Chorgestühls, ein Werk des Bildhauers Aloi de Montbrai, das heute vom Zelebranten der Messe benutzt wird.

Außerhalb der Kapelle empfiehlt der Audioguide, an der Tür zu verharren und sich das Grabmal des Grafen Ramón Berenguer II. von Barcelona anzuschauen, der wegen seiner kräftigen blonden Haare den Beinamen Cabeza de Estopa, »Flachskopf«, hatte und der von seinem Bruder Berenguer Ramón II. gemeuchelt wurde: eine wunderbare gotische Bildhauerarbeit, die den Grafen in seiner Rüstung, mit seinen Schilden und Waffen sowie den Streifen der katalanischen Fahne an den beiden Enden zeigt. Laut Auskunft des Audioguide handelt es sich jedoch um eine Nachbildung. Das Original stammte aus der Zeit des Grafen, also aus dem 11. Jahrhundert, und befand sich in der romanischen Kathedrale.

Die Kapellen des Chorumgangs sind alle gotisch und mit sehr unterschiedlichen Gegenständen ausgestattet, einige davon ebenfalls von großem Interesse. Zum Beispiel: der Sarkophag oder Reliquienschrein der Märtyrer Germán, Paulino, Justo und Sicio, eine kleine, mit Email verzierte Truhe in reinstem gotischen Stil (die Köpfe darauf stammen aus einer späteren Zeit), die Grabmäler der Bischöfe Arnau und Beltrán de Montrodon, Onkel und Neffe, ebenfalls gotisch, der Wandteppich mit der Auferstehungsszene, ein Werk von Joan Ferrer, und davor eine zeitgenössische Figur des liegenden Christus, oder das imposante Gemälde des Letzten Abendmahls in einem Renaissance-Retabel. All das befindet sich in der Mitte des Chorumgangs, in den die Fenster und die Rosette der Westfassade jetzt durch die Säulen des Presbyteriums hindurch ein wenig Licht fallen lassen.

Außerhalb des Chorumgangs wird es heller. Es ist Mittag,

und obwohl der Himmel draußen bewölkt ist, lässt die Offenheit des Raums das durch die Rosetten hereinkommende Licht hier überall hindringen. Besonders hell ist es auf der Südseite, wo sich der Reisende jetzt die Kapellen anschaut, die ebenso interessant sind wie die von eben. Vor allem die erste, die Johannes dem Täufer und dem Evangelisten Johannes geweiht ist und die das gotische Grabmal der Gräfin Ermessenda von Carcassonne, das sich früher wie das ihres Urenkels Ramón Berenguer II. in der romanischen Kathedrale befand, sowie deren überaus erhaben wirkende Liegefigur beherbergt; die Kapelle der Heiligen Julián und Basilisa mit dem Taufbecken aus Pyrenäenstein, das die Figuren der zwölf Apostel zieren und das ebenfalls in der romanischen Kathedrale stand, und noch die letzte auf dieser Seite, die Kapelle, die den Heiligen Jorge und Dalmacio geweiht ist und neben einem sehr schönen Retabel zwei weitere gotische Grabmäler aufweist, die der Brüder Dalmau und Bernat de Raset, beide ebenso beeindruckend wie das von Bernat de Pau. Sie könnten durchaus das Werk ein und desselben Bildhauers sein.

Die Besichtigung ist beendet. Darauf weist der Audioguide hin, der gleichzeitig empfiehlt, wieder zur Capilla de San Miguel zurückzugehen und sich den Kreuzgang und das Museum anzuschauen. Doch der Reisende möchte sich das lieber für den Nachmittag aufheben, denn zuerst muss er verdauen, was er alles gesehen hat. Und wenn möglich möchte er auch etwas Handfestes zu sich nehmen. Es ist halb zwei, und er hat seit dem Frühstück um acht in La Seo nichts mehr in den Magen bekommen.

Bevor er hinausgeht, lässt er jedoch seinen Blick noch ein

wenig durch die Kathedrale schweifen. Die Touristen kommen und gehen auf denselben Wegen, die er zurückgelegt hat, doch es herrscht fast absolute Stille. Das gewaltige Kirchenschiff wirkt, zumal hier keine Messe stattfindet, wie ein schalldichter Raum, in dem nur die Stille zu vernehmen ist. Eine ganz magische und irreale Atmosphäre ist das!

Die Realität überflutet den Reisenden aber, sobald er ins Freie tritt. Die Realität und das Licht, in das Gerona jetzt getaucht ist, denn gerade ist die Sonne herausgekommen. Über der Kathedrale scheint sie auf die Stadt und ihre Hügel herab und lässt alles wie auf einer alten Postkarte aussehen. Der Reisende steigt die Treppe hinunter und ist sofort mittendrin. Er hat Hunger, will sich aber vor dem Essen noch ein wenig umschauen.

Das frühere Judenviertel von Gerona erstreckt sich über die gesamte Altstadt, an deren Rand die Kathedrale steht. Die Força Vella, wie die Einwohner das Viertel wegen des Namens seiner Hauptstraße nennen, zieht sich von dieser Straße bis hinunter zum Fluss und besteht aus vielen kleinen Gassen und verwinkelten Ecken, die wie steinerne Postkarten für Touristen anmuten, so sehr hat man sie restauriert. Zusammen mit den zahllosen Läden, die hier wie zu früheren Zeiten ihre Waren anbieten, verleiht ihnen das etwas Künstliches, das den Reisenden, anstatt ihn anzuziehen, schnell vertreibt. Die Força Vella ist zwar sehr schön, wie er zugeben muss, doch er fühlt sich hier etwas deplaziert.

So geht er nach einer kurzen Runde in Richtung Fluss zurück (der auch nicht besonders ursprünglich ist: ringsherum ist alles restauriert) und begibt sich am Ende wie aus Trägheit wieder zur Kathedrale, wo er beschließt, in einem der beiden Straßencafés auf dem winzigen Platz davor etwas zu essen. Wenn er schon in die Rolle des Touristen geschlüpft ist, dann will er seine Mahlzeit wenigstens mit Blick auf das zu sich nehmen, was ihn hierhergeführt hat.

Die Mahlzeit besteht aus einem belegten Brötchen (laut der Bedienung gibt es nichts anderes), doch der Reisende hat keine Lust, sich von hier wegzubewegen. Man fühlt sich wohl in der ersten Reihe, mit diesem ungestörten Blick auf den Ort, an dem ja irgendwann, wenn Gott es befiehlt, das Jüngste Gericht stattfinden soll. Schade, dass es noch nicht so weit ist! denkt der Reisende, nachdem er einen so guten Platz ergattert hat.

Das Brötchen ist nichts Besonderes, doch es hilft ihm, seinen Magen zu überlisten. Das Brötchen und ein weiterer Kaffee, den er unbedingt braucht, und sei es nur, um den Moment hinauszuschieben, in dem er die Treppe wieder in Angriff nehmen muss. Vom Café aus sieht sie noch steiler aus, als sie in Wirklichkeit ist.

Doch er muss sie in Angriff nehmen. Es ist vier Uhr, und die Kathedrale schließt früh in dieser Jahreszeit, nämlich um sechs, wie man ihm gesagt hat. Und er hat noch das Museum und den Kreuzgang vor sich und eventuell noch eine zweite Runde durch die Kathedrale. Im frühen Abendlicht sieht sie bestimmt noch phantastischer aus.

Vorsichtshalber beginnt er mit der Kathedrale. Die Sonne steht schon ziemlich tief, und bald wird man kaum noch etwas sehen. Dadurch – und weil weniger Touristen da sind – wirkt das Hauptschiff noch magischer und geheimnisvoller. Ebenso die Kapellen, die jetzt im Halbdunkel versunken sind, ausgenommen irgendein Tourist schaltet kurz eine Lampe an, die dann einen Lichtkegel in der Dunkelheit aufflammen lässt. Der Reisende tut das Gleiche, vor allem in den Kapellen, von denen er weiß, dass sie etwas Sehenswertes vorzuweisen haben (ein Retabel, eine Figur, ein Grabmal), doch er versucht den Zauber nicht zu zerstören, der ungebrochen ist, seitdem er die Kathedrale betreten hat. Wieder einmal zeigt sich, dass Dämmerlicht suggestiver ist als helles Tageslicht.

Heller wird es, als er in den Kreuzgang hinaustritt. Dieser befindet sich an der Nordseite der Kathedrale und überrascht mit seiner ebenso ursprünglichen wie originellen Bauweise: Die Kathedrale musste sich dem Hügel anpassen, auf dem sie steht, und ihre Baumeister waren gezwungen, Winkel zu konstruieren, die sicherlich ungewohnt für sie waren. Die Winkel des Kreuzgangs sind zudem doppelt, wegen der doppelten Säulenreihen, auf denen die Tonnengewölbe ruhen, die dem typischen Stil ihrer Bauzeit entsprechen: reine Romanik des 12. Jahrhunderts. Unter ihnen verwandelt ein Wald von Kapitellen diesen Ort in eine fast magische Welt, vor allem zu dieser Tageszeit mit ihrem diffusen Licht.

Der Kontrast zwischen den Flügeln und dem Hof draußen wird noch durch die Schatten verstärkt, die die Säulen nach innen werfen, was dem Ganzen etwas Unwirkliches verleiht. Zu dieser Aura des Irrealen tragen auch die Kapitelle bei – deren Dekoration auf den drei traditionellen Themen basiert: dem Alten und dem Neuen Testament sowie der Darstellung von Tieren, Menschen und Pflanzen – und ebenso das Plätschern des Brunnens im Hof, in dessen Becken alle möglichen Münzen blinken; wie üblich an solchen Orten werfen die Leute sie verbunden mit einem Wunsch hinein. Wie sollte man hier auch nicht ins Träumen geraten!, denkt der Reisende.

Aber es gibt noch etwas Besseres. Als er seinen Blick vom Brunnen abwendet und sich weiter umschaut, entdeckt er über der Kathedrale die Silhouette einer wunderschönen, ebenso schlanken wie unerwarteten Konstruktion. Es handelt sich um einen romanischen Turm, der allerdings so dicht bei der Kathedrale steht, als wäre er einer ihrer Strebepfeiler.

Es ist jedoch eindeutig ein Turm, nämlich einer dieser Glockentürme mit Blendbögen und kleinen Säulen, wie sie typisch für die vom Reisenden so geliebten romanischen Kirchen sind. Nur dass diese Kathedrale gotisch ist. Wie kommt er also hierher?

Glücklicherweise kann der Führer, der gerade mit einer Schar Touristen im Schlepptau aufgetaucht ist, das Rätsel lösen. Der Turm ist tatsächlich romanisch; er gehörte zur früheren Kathedrale und überlebte deren Abbruch fast zufällig: Die Baumeister der neuen gotischen Kathedrale beschlossen, ihn als Strebepfeiler zu nutzen und stehenzulassen, da man ihn ja von außen nicht sah!

Der Führer fährt mit seinen Erklärungen fort, während seine Gruppe in den Hof strömt, weil der Brunnen dort mehr lockt als das, was er erzählt. Ihrem Aussehen nach zu urteilen, ist es eine Gruppe Rentner, und sie haben inzwischen vermutlich die Nase voll von so viel Stein und so viel Kunst.

»Mein Mann ist unten geblieben«, sagt eine Frau und be-

stätigt damit die Annahme, dass sich manche schon davon-
gemacht haben.

»Woher kommen Sie?«, fragt der Reisende, der Verständnis
für die Leute hat, vor allem in Anbetracht ihres Durch-
schnittsalters.

»Aus Cadaqués.«

»Aber Sie sind keine Katalanen …«

»Nein, wir sind aus Andalusien.«

»Kannten Sie Gerona schon?«

»Ich nicht«, antwortet die Frau.

»Sie ist schon schön«, meint der Reisende, der Lust auf ein
bisschen Unterhaltung hat. Seit seiner Ankunft, hat er gerade mal zwei Worte mit der Bedienung in dem Straßencafé
und mit der Frau an der Rezeption gewechselt.

»Schön ist die Kathedrale von Sevilla«, erwidert die Frau
herablassend.

»Die hier ist aber auch nicht schlecht«, verteidigt der Reisende die Kathedrale von Gerona, die ihm besser gefällt,
was er aber nicht sagt.

»Kennen Sie die von Sevilla?«, fragt die Sevillanerin prü-
fend.

»Ja, die kenne ich«, antwortet der Reisende, der ihr nicht
widersprechen, aber auch nicht beipflichten will, wie sie es
wohl erwartet.

»Das ist doch gar kein Vergleich, oder …?«, insistiert die
Frau, bevor sie zu ihrer Gruppe zurückgeht, die in diesem
Moment zum Ausgang strebt. Nicht mal eine Minute hat
die Besichtigung gedauert.

Die Rentner ziehen davon, und der Reisende, der allein im
Kreuzgang zurückgeblieben ist, betrachtet diesen jetzt in-

mitten der Stille, die wieder von ihm Besitz ergriffen hat. Man hört nur ein paar Vögel und die Geräusche der Stadt ganz weit unten.

Noch weiter entfernt ist die Stadt vom Museum, dessen Räume in der Zeit versunken scheinen, in der sie angelegt wurden. Wenige Touristen, gerade mal vier, schlendern in diesem Moment durch sie hindurch, mit dem typischen Rhythmus derer, die sich außerhalb der Zeit bewegen. Was für ein Unterschied zu den Rentnern!

Skulpturen, Marienfiguren, Kreuze, Retabeln, Gemälde aller möglicher Stilrichtungen und Epochen, liturgische Instrumente und Gewänder, Goldschmiedearbeiten und diverse Schmuckstücke, alles, was man an einem solchen Ort üblicherweise findet, ist hier in Hülle und Fülle ausgestellt. Man sieht, dass diese Kathedrale reich war und es nach wie vor ist. Der Reisende notiert sich wie immer die Dinge, die ihm am besten gefallen (konkret sind das der Beato de Gerona, eine einzigartige Handschrift aus dem 10. Jahrhundert, eine maurische Truhe aus dem 10. Jahrhundert, die Bibel von Karl V. von Frankreich – ein italienisches Manuskript, das sich im Besitz dieses Königs befand –, sowie zwei Renaissance-Retabeln, das eine von Antoni Norri und Pere Fernández, das andere von Pere Mates, beide von herausragender Schönheit), und widmet sich dann voll und ganz der Betrachtung des wichtigsten Exponats, dem der letzte Raum vorbehalten ist. Hierbei handelt es sich um einen Wandteppich aus dem 11. Jahrhundert (eigentlich ist es eine Bahn Stoff), benannt nach seinem Motiv, *Die Erschaffung der Welt*, der offenbar einer der ältesten noch erhaltenen in ganz Europa ist.

Es ist umwerfend, wenn man zum ersten Mal davor steht. Nur ganz leicht angestrahlt, damit das Gewebe nicht beschädigt wird, nimmt *Die Erschaffung der Welt* die ganze hintere Wand ein, was ihre Pracht noch mehr zur Geltung bringt. Der Stoff, der fast vollständig erhalten ist (nur an den Rändern ist er ausgefranst), hat die Form eines horizontalen Rechtecks und ist in Ocker- und Grautönen bestickt. Den Abbildungen liegt ein geometrisches und zweifellos auch symbolisches Muster zugrunde: in der Mitte, in einem kleinen Kreis, Gott in seiner Erhabenheit; um ihn herum, ebenfalls in einem Kreis, die einzelnen Phasen der Schöpfung: die Engel, das Firmament, die Gestirne, die Erde und das Meer, die Tiere und schlussendlich die Menschen, und dann noch an den Rändern, wie ein Kalender angeordnet, verschiedene Häuschen mit Szenen, die auf die Monate, die Jahreszeiten, die Wochentage, die vier Flüsse des Paradieses und andere, weniger klar erkennbare Motive rekurrieren. Und das alles mit diesem romanischen Gepräge, das dem Reisenden so gut gefällt, vor allem, wenn er es von nahem sieht. So wie jetzt, denn er steht einen Meter vor dem Stoffbild, im Halbdunkel dieses kleinen Raums, der wie der Zeit enthoben erscheint.

Der Zeit und der Realität enthoben. Denn dieser Raum, der lediglich die Funktion hat, das Prachtstück des Museums auszustellen, ist wie ein Zeittunnel, in dem nichts, was geschieht, im gegenwärtigen Moment geschieht. Im Gegenteil: Alles ereignet sich in einer anderen Zeit, in der Zeit, als die Welt erschaffen wurde, als die Erde noch keine Form hatte und Meer und Himmel in der Unendlichkeit der Zeit miteinander verschmolzen waren; einer Zeit, die noch gar nicht existierte, weil auch das Leben noch nicht existierte, ebenso wenig wie die Nacht, die Sonne und die Jahreszeiten. Alles war ein einziges Konglomerat, ein Magma aus Licht und Schatten, das die reine und unermessliche Stille des Firmaments umgab. Was für ein erhabenes Gefühl!

Und wie schön das alles gleichzeitig ist! Was für eine Reinheit in diesen Gesichtern, die mit großem Erstaunen in die Welt blicken, angefangen beim Schöpfer selbst! Was für eine Dynamik in diesen Figuren, die zum ersten Mal mit dem in Berührung kommen, was jener geschaffen hat, Dinge, deren Name und Bedeutung ihnen offensichtlich noch unbekannt sind! Welche Verwirrung bei den Tieren, als sie sich selbst und die anderen entdecken! Kann es etwas Reineres, Schrecklicheres und gleichzeitig Schöneres geben?

Der Reisende betrachtet in seiner Ergriffenheit die Szenen ein ums andere Mal, während um ihn herum das Leben völlig verstummt scheint. Er steht allein an diesem Ort, im Angesicht der Schöpfungsgeschichte.

»Herrlich«, sagt er zu der jungen Frau am Empfang, als er dorthin zurückkehrt, aus dem Bedürfnis heraus, irgendjemandem von seinen Eindrücken zu erzählen.

Doch die Frau sagt keinen Ton. Sie muss es derart leid sein, ständig Touristen herein- und herauskommen zu sehen, dass sie die Bemerkung des Reisenden nicht einmal gehört hat. Sie wartet wahrscheinlich nur darauf, selbst hinauszukommen, was wohl auch nicht mehr lange dauert.

Draußen auf dem Platz, auf dem sich früher anscheinend das Forum Romanum von Gerona befand und den sich heute die Puerta de los Apóstoles (wegen der Apostelfiguren, die

das Tor zierten, bis der Krieg ausbrach) und der Bischofs-
palast (heute städtisches Kunstmuseum) teilen, herrscht
tatsächlich schon Abendstimmung, sozusagen als Kontra-
punkt zur Erschaffung der Welt, die der Reisende gerade
drinnen gesehen hat. Das Gerona des 21. Jahrhunderts mit
seinen Türmen und Gebäuden scheint in diesem Augenblick stillzustehen, unschlüssig zwischen dem Tageslicht
und dem Dunkel einer Nacht verharrend, die immer näher
rückt und die daran erinnert, dass alles eine ewige Abfolge
von Leben und Tod, von Licht und Dunkelheit ist, so wie es
vor Hunderten von Jahren der anonyme Schöpfer der *Erschaffung der Welt* mit seiner Vorstellung vom ersten Tag des
Universums darstellte. Was für ein Gefühl der Vergänglichkeit!

Unter dem Eindruck dieses Gefühls sieht sich der Reisende
noch ein wenig im Außenbereich der Kathedrale um. Er
will noch von außen einen Blick auf die Apsis werfen, die
eingeschlossen wird vom Kreuzgang und einem kleinen
Park, der sich auf einer Anhöhe dahinter befindet und trotz
seines Namens, Jardines de la Francesa, ein italienisches
Flair ausstrahlt. Von hier aus hat man einen guten Blick
auf die gesamte Kathedrale einschließlich des Kreuzgangs,
über dem wie eine Zypresse der schöne romanische Turm
aufragt, sowie der Strebebogen und Strebepfeiler, die die
Apsis umgeben und die gemessen an deren Höhe auffallend
niedrig sind. Das ist offenbar typisch für die katalanische
Gotik.

Typisch oder nicht, die Kathedrale erinnert jedenfalls vom
Park aus an ein von großen Rudern umgebenes Schiff, ein
mächtiges Schiff aus Stein und Moos, das am Abendhim-

mel von Gerona dahingleitet, während sich die Dächer der Stadt wie Barkassen unten am Fluss zusammendrängen.

»Tschüss!«, sagt der Reisende zu den jungen Leuten, die auf der Suche nach einem lauschigen Plätzchen in den Park gekommen sind.

Als er die Treppe hinuntersteigt, begegnet er noch mehr Jugendlichen. Die einen sitzen in kleinen Gruppen auf den Stufen und rauchen, die anderen küssen sich im Schutz der hereinbrechenden Dunkelheit. Schade, dass sich immer noch Touristen an der Kathedrale herumtreiben, scheint der eine oder andere zu denken, als er den Reisenden vorbeigehen sieht.

Doch die meisten Einheimischen sind jetzt ganz woanders. Heute ist zwar Dienstag, aber morgen ist Feiertag (Tag der Verfassung), und viele tummeln sich auf den Promenaden und Straßen der Neustadt. Und in den Kneipen, denn gerade wird wieder ein Spiel vom FC Barcelona übertragen, was eine Menge Männer vor den Fernsehern versammelt. Der Reisende tut es ihnen gleich und genehmigt sich außerdem noch ein paar Aperitifhäppchen (er hat jetzt doch ziemlich Hunger), bevor er zum Abendessen in die Força Vella geht, wo es mehr junges Publikum gibt. Obwohl er selbst leider nicht mehr jung ist, hält er sich lieber unter jungen Leuten auf als unter älteren, die immer nur vom Wetter oder über Politik reden. Auch unter der Bedingung, dass er in einem rauchgeschwängerten und lärmerfüllten Lokal essen muss, dessen Küche mehr als zweifelhaft ist, wenn auch natürlich immer noch besser als die vom Mittag. Als er fertig ist, macht er noch einen Spaziergang durch das Viertel, das jetzt ins schummrige Licht der spärlichen Straßenlaternen getaucht ist. Unten am Fluss angekommen, betrachtet er die Gebäude, die das Wasser mit tausend Farben sprenkeln, und den darüber thronenden Koloss, das älteste von allen, das Gebäude, das ihn den langen Weg durch die Pyrenäen bis hierher hat machen lassen.

»Guten Abend!«, grüßen ihn ein paar junge Leute, die gerade an ihm vorbeigehen.

»Guten Abend!«, erwidert der Reisende ihren Gruß, erstaunt darüber, dass sie jemanden grüßen, den sie gar nicht kennen.

Wenn der Beutel klingelt

Die breiten Straßen von Barcelona mit ihrem dichten Verkehr unterscheiden sich deutlich von dem, was der Reisende in den letzten Tagen gesehen hat. Hier ist alles viel farbiger und lebhafter, gar kein Vergleich zu der Provinzialität von Gerona.

Barcelona ist eine Großstadt, modern, vital und kosmopolitisch. Das sieht man an dem bunten Gemisch der Passanten und an den vielen Fremden, die es hierher treibt. Nicht umsonst hat diese Stadt den traditionellen Touristenzielen des Landes den Rang abgelaufen und steht im Augenblick an erster Stelle.

Die Plaza de Cataluña, die der Reisende nach einiger Zeit erreicht, steht stellvertretend für das alles. Geschäfte und Schaufenster ziehen die Aufmerksamkeit der Menschen auf sich, die sich hier bereits tummeln, obwohl es noch nicht die Scharen sind, die man zu späterer Stunde antreffen wird. Es ist ein sonniger, aber dennoch kalter Morgen, an dem viele nicht arbeiten (der gestrige und der heutige Feiertag ermöglichen ein langes Wochenende), und die Leute genießen draußen den freien Tag. Einheimische und Fremde begegnen sich auf den Gehsteigen und bilden dieses einzigartige Mosaik einer aktiven, vor Vitalität strotzenden Stadt.

»Geben Sie mir bitte *El País*.«

»Nehmen Sie es sich«, sagt der Mann von dem Kiosk, wo der Reisende stehengeblieben ist, um sich die Tageszeitung zu besorgen.

Zeitungen, Blumen, Weihnachtsbäume …, alles Mögliche wird auf dieser Promenade verkauft, die die Plaza de Cataluña mit dem alten Teil der Stadt verbindet und die man als Las Ramblas kennt. Sie ist so populär, dass es ein Verbrechen wäre, sie bei einem Besuch Barcelonas einfach auszusparen. In verschiedene Abschnitte unterteilt – die Rambla de Canaletas, die Rambla de las Flores, die Rambla de los Capuchinos … –, führt sie bis zum Meer hinunter und durchquert auf dem Weg dorthin das Herz des alten Barcelona, die Gegend, wo die Stadt entstand und wo sich ihre typischsten Straßen und Gebäude befinden.

Die Kathedrale ist das bedeutendste von allen und das, obwohl sie eine große Konkurrentin in der benachbarten Kirche Santa María del Mar hat, der Kirche der Seeleute, die ebenfalls gotisch ist, und seit einem knappen Jahrhundert auch in der Sagrada Familia, diesem phantastischen Bauwerk, das der Architekt Gaudí als Ersatz für sie ersann, das aber immer noch nicht vollendet ist. Soviel zur religiösen Konkurrenz, doch da ist auch noch die zivile, insbesondere in Gestalt des Palacio de la Generalitat, wo die katalanische Regierung ihren Sitz hat, der Casa de la Ciutat, des Rathauses und des Palacio Real Mayor, der Residenz der Könige von Aragón und im Mittelalter der Grafen von Barcelona, alle in der Altstadt gelegen (im neuen Teil der Stadt befinden sich die Jugendstilgebäude des *Modernismo*, die ebenfalls eine Konkurrenz darstellen, vor allem für die Touristen).

Der Platz der Kathedrale liegt mitten im Barrio Gótico, wie die Barceloneser die Altstadt wegen des dort vorherrschenden Baustils nennen. Es ist ein kleiner Platz, der von verschiedenen Gebäuden eingerahmt und von der Fassade der Kathedrale dominiert wird, die ebenfalls gotisch ist, doch erst Anfang des 20. Jahrhunderts fertig gestellt wurde. Wer das nicht weiß, wird es allerdings nicht bemerken, so harmonisch ist sie in das Ganze eingefügt, sowohl von ihrer Gestaltung als auch von ihrer Patina her.

Am meisten fällt die Höhe des Turms ins Auge, zumal man heute wegen der vielen Menschen und der Stände des Weihnachtsmarkts, der hier stattfindet, die Fassade kaum sehen kann. Zwei weitere Türme, die zwar etwas niedriger sind als dieser, aber doch auch eine beträchtliche Höhe haben (und die gleichen spitzen Fialen aufweisen), runden die Silhouette ab, die sich vor dem Hintergrund des Himmels von Barcelona abzeichnet.

Um zum Portal zu gelangen, muss sich der Reisende einen Weg durch die Menge bahnen, die sich auf dem Weihnachtsmarkt tummelt oder wie er in die Kathedrale will. Ihrem Aussehen und ihren Sprachen nach zu urteilen, handelt es sich um Leute aus aller Herren Länder, doch die meisten sind Spanier, die das lange Wochenende nutzen, um die Stadt zu besuchen. Eine Stadt, die in letzter Zeit in Mode gekommen ist, vor allem seit den Feiern zum 150. Geburtstag Gaudís im Jahre 2002.

»Drängeln Sie doch nicht so!«, beschwert sich eine Frau, die mit einer gewissen Mühe die Stufen hochsteigt.

Irgendwann kommen alle oben an. Es ist aber ein Geschiebe, als gäbe es in der Kathedrale kostenlos Süßigkeiten oder dergleichen. Der Reisende ist verwundert über dieses zwanghafte Bedürfnis der Touristen, alles und dazu gleichzeitig zu sehen.

»Nur die Ruhe, sie steht ja noch«, sagt er ironisch, während er mit zwei, drei weiteren Leuten gleichzeitig hineingeht.

Drinnen, wo es genauso voll ist wie auf dem Platz, hält er Ausschau nach einem Ort, der ihm einen weiten Blick ermöglicht, doch ganz offensichtlich gibt es den nicht. Die Hunderte von Menschen, die sich am Eingang drängen, lassen ihn lediglich die Gewölbe sehen, jene Kreuzrippengewölbe, an denen sich sowohl der Baustil als auch die Bauzeit erkennen lassen.

Da es dem Reisenden also unmöglich ist, die Kathedrale zu sehen, liest er eben ihre Geschichte nach. Mit ihrem Bau, so erfährt er, wurde im 13. Jahrhundert an der Stelle begonnen, wo sich die frühere Kathedrale befunden hatte (die wiederum die Nachfolgerin einer frühchristlichen Kirche gewesen war), und sie ist Sitz von einhundertzwanzig Bischöfen gewesen, deren erster, ein gewisser Pretextat (netter Name, denkt der Reisende), das Amt bereits im 4. Jahrhundert innehatte. Sie ist dem Heiligen Kreuz und der Heiligen Eulalia geweiht, die von hier stammte und deren sterbliche Überreste in der unter dem Presbyterium liegenden Krypta aufbewahrt werden. Sie ist 93 Meter lang, 40 Meter breit und 28 Meter hoch, die Glockentürme natürlich nicht mitgerechnet.

Mit diesen Daten ausgerüstet und sich zusätzlich mit viel Geduld wappnend, beginnt der Reisende seine Besichtigung. Hier ist wirklich die Hölle los. Man könnte fast meinen, Barcelona sei die neue Hauptstadt des Christentums.

Reine Illusion, wie er sogleich feststellt. Die meisten Leute, die sich in der Kathedrale aufhalten, sind aus allen möglichen Gründen hier, nur nicht aus Frömmigkeit. Dementsprechend schreien sie herum, machen Photos, telefonieren mit ihrem Handy oder diskutieren miteinander, selbst während des Angelus, das der Priester zweimal unterbricht, um die Anwesenden um Ruhe zu bitten. Natürlich ohne viel Erfolg. Doch man muss auch sagen, dass das Domkapitel zum Teil selbst Schuld daran trägt. Im Bemühen, die Kassen zu füllen, hat man links neben dem Eingang eine Theke eingerichtet, an der alles Mögliche feilgeboten wird, von Postkarten bis hin zu Weihnachtslosen (die allerdings seit Tagen ausverkauft sind), und an der nicht einmal während der religiösen Aktivitäten Ruhe herrscht. Dies verleitet viele Leute dazu, sich hier genauso zu verhalten, wie in jedem anderen Laden auch. Der Eindruck, in einem Laden zu stehen, drängt sich auch auf, wenn man die ganzen Preisschilder sieht: eine Kerze anzünden, ein Euro; Führungen, fünf Euro; Pfarrblätter, ein Euro; Patenschaft für einen Stein, zehn Euro …

»Was hat es denn mit dieser Patenschaft für einen Stein auf sich?«, fragt der erstaunte Reisende einen der Aufseher, die vergebens versuchen, die Leute zu einem angemessenen Verhalten zu bewegen.

»Das ist eine Kampagne, um Geld für die Restaurierung der Kathedrale zu sammeln. Sie übernehmen die Patenschaft für einen Stein, und mit Ihrem Geld wird dieser Stein dann restauriert. Sie können auch zwei Steine haben oder drei, so viele Sie wollen.«

»Und woher weiß ich, welcher mein Stein ist?«

»Das kann ich Ihnen nicht sagen«, erwidert der Aufseher achselzuckend und wendet sich wieder seiner eigentümlichen Arbeit zu.

Auch der Reisende fährt mit seiner Arbeit fort, nämlich mit der Besichtigung der Kathedrale. Doch die Sache mit dem Stein geht ihm noch minutenlang durch den Kopf. Also, wenn es darum geht, etwas zu verkaufen, denkt er mit Blick auf das Schild, mangelt es den Barcelonesern wirklich nicht an Phantasie.

An solcher mangelte es auch dem Baumeister dieser Kathedrale nicht. Sie ist wie ihre Vorgängerin dreischiffig, hat ein sehr kurzes Querschiff und einen äußerst beeindruckenden Chorumgang. In der Mitte des Hauptschiffs steht der *Coro* trotz der Veränderungen der Liturgie nach wie vor an seinem privilegierten Platz, und ihm gegenüber teilen sich die Krypta und das Presbyterium das Herz der Apsis, erstere unter letzterem, wie es der üblichen Anordnung entspricht. Dann kommt noch der weiträumige Kreuzgang und, über diesen und den Kirchenraum verstreut, eine Reihe von Kapellen, manche von beachtlicher Größe und alle zusammen überaus reich geschmückt. Nicht umsonst war das Erzbistum Barcelona bis vor wenigen Jahren nach Mailand die zweitgrößte Diözese der Welt.

Der Reisende weiß daher nicht recht, wo er mit seiner Besichtigung anfangen soll, vor allem in Anbetracht der Menschenmassen überall. Schließlich entscheidet er sich für die Kapellen, die so zahlreich sind, dass sie ihn eine ganze Weile beschäftigen werden.

Allein diejenigen in den beiden Seitenschiffen sind schon fast zwanzig an der Zahl; siebzehn, um genau zu sein, von denen eine größer ist als alle anderen. Es handelt sich um die Capilla del Santísimo Sacramento, die erste im rechten Seitenschiff, die hier eher unter dem Namen Santo Cristo de Lepanto bekannt ist, weil sich in ihr die Christusfigur befindet, die in der Schlacht von Lepanto am Hauptschiff der von Juan de Austria befehligten christlichen Flotte prangte. Es ist eine ganz dunkle gotische Figur, die von den Einheimischen tief verehrt wird. Die gleiche Verehrung genießt San Olegario, ein früherer Bischof von Barcelona, dessen mumifizierter Körper direkt darunter in einem herrlichen, nach hinten geöffneten Sarkophag ruht, der von katalanischen Künstlern in verschiedenen Stilen angefertigt wurde (die Liegefigur ist gotisch, der Sarkophag selbst barock). Schade, dass man den Körper nicht sehen kann, denn der Zutritt zur Rückseite hinter dem Altar ist gesperrt. »Wissen Sie, die Leute haben vor nichts Respekt«, erzählt dem Reisenden die Frau, die sich um die Kapelle kümmert. Sie heißt Doña Crescencia und stammt aus Burgos, hat aber ihr halbes Leben in Barcelona verbracht. »Sogar die Blumen vor dem Altar stehlen sie«, klagt sie bitter und stellt neue hin.

Die nächste Kapelle ist den Heiligen Cosme und Damián geweiht und ebenfalls mit diversen Kunstwerken ausgestattet, konkret mit einem gotischen Retabel des großen Bernat Martorell, einem Lluís Dalmau, dem berühmten valencianischen Maler aus dem 15. Jahrhundert, zugeschriebenen Gemälde und dem von Pere Oller geschaffenen Alabastergrabmal der Stifterin der Kapelle, Sancha Ximenis de Cabrera. Die folgenden Kapellen sind wesentlich schlichter, außer der Capilla de San Raimundo de Peñafort mit dem Grabmal des Heiligen, auch dies eine beeindruckende gotische Arbeit mit Miniaturszenen aus dem Leben Raimundos, und der Kapelle, die San Paciano geweiht ist, einem weiteren Bischof der Stadt, dem die Ehre der Heiligkeit zuteil wurde und dessen Biographie ein großes Barockretabel erzählt. Auf der anderen Seite schaut sich der Reisende noch zwei Kapellen an: die Capilla del Rosario, wegen ihres ebenfalls barocken und üppig mit Blattgold überzogenen Retabels, und die Capilla de San Marcos, die kurioserweise die Kapelle der Schuster ist. Ganz in der Nähe gibt es noch eine Kapelle der Mattenflechter, der heutzutage verständlicherweise nicht mehr so viel Verehrung entgegengebracht wird.

Das Angelus-Gebet hält ihn zurück, als er sich gerade die Kapellen des Chorumgangs ansehen will. Am Hauptaltar hat ein Priester mit dem Gebet begonnen, doch die meisten Touristen bekommen nichts davon mit. Deshalb sieht jener sich gezwungen, ein paar Mal um Ruhe zu bitten, doch auch das nutzt nicht viel. Ob sie es nun mitbekommen haben oder nicht, die Leute lassen sich überhaupt nicht stören, machen Photos, zünden Kerzen an, telefonieren mit ihrem Handy oder unterhalten sich, und so dauert das Angelus länger als gewöhnlich. Der Priester kann sich einfach kein Gehör verschaffen, und das, obwohl er ein Mikrophon hat. Das Gebet zieht sich praktisch bis zum Ende der Besichtigungszeit hin. Von nun an muss man bis fünf Uhr Eintritt zahlen, wenn man die Kathedrale sehen will.

»Wie das?«, fragt der Reisende den Aufseher, der ihm vorher die Sache mit dem Stein erklärt hat. Der junge Mann ist gerade dabei, seiner Pflicht Genüge zu tun und die Touristen hinauszuwerfen.

»Die Kathedrale schließt jetzt. Aber um eins wird sie für diejenigen wieder geöffnet, die bereit sind, Eintritt zu zahlen.«

»Ich verstehe gar nichts mehr«, meint der Reisende.

»Um fünf Uhr wird sie wieder für alle geöffnet, falls Sie die vier Euro Eintritt nicht zahlen wollen.«

»Das tröstet mich«, sagt der Reisende lächelnd.

Am Eingang sind ein paar Leute ziemlich aufgebracht. Sie verstehen nicht, was das Ganze soll: Zuerst müssen sie raus, dann dürfen sie wieder rein und obendrein sollen sie auch noch dafür bezahlen.

»Eine Unverschämtheit ist das!«, schreit ein Mann, der gerade gekommen war und nach einer Minute wieder hinausgeworfen wurde.

»Halsabschneider!«, schreit ein anderer.

Doña Ana Valderrama, eine Sevillanerin, die seit ihrer Kindheit in Katalonien lebt, schreit zwar nicht, beschwert sich aber auch. Solcher Dinge wegen, meint sie, werden die Leute immer weniger religiös.

»Sind Sie denn sehr religiös?« fragt der Reisende, der wissen will, ob sich diese Befürchtung bei ihr schon bewahrheitet hat.

»Ich schon«, erwidert sie. »Ich habe einen Bruder, der Priester ist … Aber der ist anständig, nicht wie die da.«

Die Mitarbeiterin am Eingang bemüht sich unterdessen um Verständnis. Durch diese Regelung könne man die Kathedrale sehen, wenn man wolle, während sie sonst bis fünf Uhr ganz geschlossen wäre, wie das früher der Fall gewesen sei.

»Dann macht sie doch dicht!«, schreit derjenige, der zu spät gekommen ist.

Die Menge löst sich allmählich auf – ohne deshalb ihren Protest verstummen zu lassen –, und auf der Treppe vor dem Eingang kehren wieder Ruhe und Ordnung ein. Lediglich zehn Personen warten jetzt hier, darunter natürlich auch der Reisende. Die Mitarbeiterin von eben lässt sie hinein.

»Das kostet vier Euro«, sagt sie.

»Hier, bitte, aber ich möchte klarstellen, dass ich das Gleiche denke wie die Leute, die gegangen sind«, lässt der Reisende sie wissen, während er seine vier Euro hinlegt. Die Frau quittiert die Bemerkung mit einem Schulterzucken, als ginge sie die ganze Sache nichts an.

Die Sache hat jedoch den Vorteil (irgendeinen musste es ja geben), dass die Kathedrale jetzt vollkommen leer ist. Nur die zehn Leute, die gerade hereingekommen sind, durchbrechen die Stille des Innenraums, der jetzt noch größer wirkt. Vorsichtshalber beeilt sich der Reisende ein bisschen mit dem Schauen, nicht dass die zwei Stunden nicht ausreichen.

Diese Frist hat er sich nämlich gesetzt, um noch rechtzeitig zum Can Culleretes zu kommen, einem Restaurant, das er von früheren Besuchen kennt. Das Can Culleretes ist so alt, dass es immer gnadenlos pünktlich die Küche schließt, egal wer vor der Tür steht. In dieser Beziehung ist es wie eine Kathedrale, nur dass man in ihm speist, während man in dieser lediglich träumt.

Da braucht man nur den Schöpfer dieses phantastischen *Coro* zu fragen – denkt der Reisende, als er bei diesem ankommt –, dessen Gitter gerade geöffnet wurde und dessen mit den Wappen des Ordens vom Goldenen Vlies geschmücktes Gestühl mit Miserikordien versehen ist, die alle möglichen Motive aufweisen, die meisten davon nicht besonders heilig. Oder den der Orgel, dieses fast fünfhundert Jahre alten phantastischen Instruments, das über der

Puerta de San Ivo an der Wand befestigt ist. Oder auch die des Hauptaltars mit seiner auf zwei Säulen ruhenden, aus dem 6. Jahrhundert stammenden Platte, seinem Bischofsstuhl aus Alabaster und seinem großen Kreuz. Doch den besten Traum, das darf man wohl sagen, hatte ohne jeden Zweifel der Schöpfer dieses herrlichen Sarkophags, der in der Stille der Krypta verborgen ist und die sterblichen Überreste der aus Barcelona stammenden Heiligen Eulalia in sich birgt, der die Kathedrale geweiht ist und deren ursprünglicher Sarkophag aus dem 9. Jahrhundert ebenfalls hier steht. Geschaffen von Lupo de Francesco, einem italienischen Bildhauer, kann er dem Vergleich mit jedem anderen gotischen Grabmal in Europa mühelos standhalten.

Als nächstes folgt der Chorumgang, wo zehn weitere Kapellen das Repertoire vervollständigen, die im Kreuzgang nicht mitgezählt. Alle sind sie interessant, doch der Reisende schaut sich nur zwei an: die Capilla de la Merced, die Kapelle der Schutzpatronin der Stadt, die aus diesem Grund eine der schönsten ist (sie hat ein wirklich wunderbares Barockretabel), und die Capilla de San Benito, wo er das von Bernat Martorell geschaffene Retabel der Verklärung Christi bewundert, das er für das beste von allen hält. Nicht dass sich die anderen Kapellen nicht lohnen würden, aber der Reisende hat einfach keine Zeit, sich alle anzusehen.

Der Kreuzgang, in dem es jetzt völlig ruhig ist, so ganz anders als noch vor einer Stunde, empfängt ihn mit seinem plätschernden Brunnen und mit der Krippe, die der Grund für den Massenandrang war. Sie steht in der Mitte, zwischen den Beeten, und wird in diesem Augenblick lediglich von den Enten bewacht, die hier im Hof leben oder womöglich auch zur Krippe gehören. Sie schrecken auf, als der Reisende an ihnen vorbeigeht, um diese gotischen Gänge zu betrachten, die der Meditation dienen sollen und um die sich ein weiterer Kapellenkranz mit zahlreichen Retabeln und Figuren zieht. Das ist ja wirklich ermüdend!, denkt der Reisende und hebt sie sich für später auf.

Jetzt will er erst einmal aufs Dach hochsteigen, was nur die Touristen dürfen und das auch nur bis fünf Uhr. Er geht zu einem Fahrstuhl, der sich am Anfang der linken Seite des Chorumgangs in einer Kapelle befindet, der Capilla de las Ánimas del Purgatorio, die früher die Kapelle der Unschuldigen Kindlein war, wegen der hier aufbewahrten Reliquien, die diesen zugeschrieben werden. Zu ihren Ehren haben in der Kapelle anscheinend Zeremonien stattgefunden, bei denen ein als *bisbetó* (kleiner Bischof) verkleidetes Kind die Hauptrolle spielte.

»Ist der auch sicher?«, fragt der Reisende, der ziemlich klaustrophobisch veranlagt ist, den Fahrstuhlführer.

»Hundertprozent«, erwidert dieser, ein Argentinier dem Akzent nach zu urteilen. »Er ist immerhin schon siebenhundert Jahre alt«, scherzt er und hält ihm die Tür auf.

»Dann ist er also romanisch …«, greift der Reisende den Scherz auf und steigt ein.

Der Fahrstuhl funktioniert, obwohl er schon sehr betagt ist (von innen sieht er allerdings weniger betagt aus als von außen), und im Nu befindet sich der Reisende auf einer der Dachterrassen. Der Blick, den man von dort aus hat, ist ein wahres Vergnügen. In dem intensiven Licht hier oben verschmelzen die Umrisse der Stadt, die sich in alle Richtungen ausdehnt, sogar bis über das Collserola-Gebirge hinaus,

169

das sie von Westen her schützt. Nur im Osten geht es nicht mehr weiter, denn dort ist das Meer, in das lediglich die Hafendocks und ein paar Vergnügungsschiffe vorgedrungen sind.

Der Blick ist wirklich großartig. Mit der Kathedrale im Vordergrund (oben die Glockentürme, fast über dem Kopf, und unten der Kreuzgang, wie ein ausgedehnter Graben) zeigt die Stadt all ihre Höhen und all ihre architektonischen und städtebaulichen Perspektiven; rationalistisch im moderneren Teil mit den neuen Vierteln, mittelalterlich im alten Kern. Und das alles begleitet vom Hintergrundgeräusch ihres pulsierenden Lebens, das dem eines emsigen Bienenstocks gleicht. Die Sonne trägt ebenfalls zu diesem Eindruck bei, sieht man vom Wind in diesen luftigen Höhen ab.

»Na, hat es sich gelohnt?«, fragt der Fahrstuhlführer lächelnd, als der Reisende zurückkommt.

»Der Blick auf jeden Fall, der Fahrstuhl weniger.«

Das Can Culleretes, drei Häuserblocks von der Kathedrale entfernt mitten in der Altstadt gelegen, ist immer noch das bodenständige und äußerst beliebte Speiselokal, das der Reisende von früheren Barcelona-Aufenthalten kennt. 1786 gegründet, behauptet es, das älteste Lokal der Stadt zu sein, was zusammen mit seiner langen Speisekarte und seinen großzügigen Räumlichkeiten, die durch lange Flure miteinander verbunden sind, dafür sorgt, dass es immer voll ist, sowohl mit Einheimischen als auch mit Fremden. Dennoch findet der Reisende einen freien Tisch; es ist ein Platz neben der Tür, von dem aus er während des Essens das Treiben im Restaurant und draußen auf der Straße beobachten kann.

»Was für ein Betrieb!«, denkt er mit Blick auf die unermüdlich zwischen den vielen Gästen hin und her eilenden Kellner und die immer noch hereinströmenden Leute.

»Bekommen wir noch was zu essen?«

»Einen Augenblick, bitte.«

Der Reisende fragt den Kellner, der ihn bedient, woher das Restaurant seinen Namen hat.

»Das weiß ich nicht«, lautet die Antwort.

Nach ein paar Minuten kommt er aber freundlicherweise mit einer Auskunft zurück. Die Besitzerin habe ihm gesagt, dass in diesem Lokal Kaffeelöffel eingeführt wurden (*culleretes* auf Katalanisch), als diese in Barcelona noch kaum bekannt waren.

»Und womit rührte man davor den Kaffee um?«, möchte der Reisende wissen und nippt an seinem.

»Wahrscheinlich mit dem Suppenlöffel«, meint der Kellner und geht in die Küche zurück.

Auf den Straßen um die Plaza de San Jaime, dem größten Platz in der Altstadt, wimmelt es so von Menschen, dass man kaum vorwärts kommt. Ganze Heerscharen sind hier unterwegs, kaufen ein, machen Geschäfte oder schauen sich einfach nur die Stadt an. In Barcelona gibt es zweifellos mehr Menschen als im ganzen Rest Kataloniens.

Auf dem Platz steht eine Krippe. Sie ist lebensgroß und mit allen wesentlichen Figuren ausgestattet, einschließlich des katalanischen *caganet*, des »Scheißers«, der hier zur Weihnachtstradition gehört. Die Leute drängen sich um sie herum und kommentieren ihre Details, während andere lieber die Gebäude bewundern, die diesen Platz zum Zentrum Kataloniens machen: auf der einen Seite die Generalitat, die Regionalregierung, und auf der anderen das Rathaus.

Die beiden Gebäude werden jeweils von einer anderen Polizei mit eigener Uniform und eigenem Abzeichen bewacht, obwohl sie einander unmittelbar gegenüberstehen.

Zurück bei der Kathedrale, ersteht der Reisende auf dem Weihnachtsmarkt als Andenken einen *caganet*. Die Figur, die an allen Ständen feilgeboten wird und die so typisch für Katalonien ist, verheißt der Verkäuferin zufolge Wohlstand. Wer das Feld düngt, erklärt sie, wird reich, aber wer wirklich reich wird, ist sie, bei all den *caganets*, die sie den Touristen verkauft.

Die in der Kathedrale werden auch reich. An der Theke neben dem Eingang steht eine ganze Schlange für Heiligenbilder und Souvenirs an, und ein ähnliches Gedränge herrscht bei den Opferkerzenständern, die alle angezündet sind (für einen Euro die Kerze, die elektrisch ist), vor allem die in der Capilla del Cristo de Lepanto und der Capilla de San Pancracio. In letzterer brennen die meisten Kerzen, weil die Ziehung der Weihnachtslose naht.

»Nicht nur bei der Lotterie, der Heilige Pancracio bringt bei allem Glück«, erfährt der Reisende von einer Frau, die gerade eine neue Kerze für den heiligen Glücksbringer angezündet hat.

Ihre Begleiterin liefert ein Beispiel:

»Sehen Sie: Mein Mann hat seine Arbeit verloren, und mit seiner Hilfe«, erklärt sie und deutet auf den Heiligen, »hat er wenige Tage später eine neue gefunden. Und das, ohne das Haus zu verlassen!«, fügt sie mit Nachdruck hinzu. »Sie haben ihn angerufen.«

»Allerdings«, meldet sich die andere wieder zu Wort, »muss man an ihn glauben. Sonst wird das nichts.«

»Und ihm eine Kerze anzünden«, sagt der Reisende mit Blick auf den Kerzenständer, der wie ein Weihnachtsbaum leuchtet.

»Und ihm zu Hause einen Zweig Petersilie hinlegen«, ergänzt die mit dem arbeitenden Ehemann.

Im Rest der Kathedrale ist es genauso voll wie am Eingang. Wie am Morgen drängen sich die Leute in den Schiffen und im *Coro*, der wieder geöffnet ist. Geschlossen ist dagegen die Tür, die zum Kreuzgang führt, vor dessen anderer Tür, der zur Straße gelegenen, der Reisende zuvor eine Kilometer lange Schlange gesehen hat, wahrscheinlich alles Leute, die die Krippe sehen wollen. Ihn überrascht nicht, was ihm der Fahrstuhlführer gesagt hat, dass nämlich jedes Jahr drei Millionen Menschen diese Kathedrale besuchen.

Um sechs Uhr beginnt eine Messe am Hauptaltar, die auf Bildschirmen (einem großen an der Rückwand des *Coro*) in der ganzen Kathedrale übertragen wird, als handelte es sich um ein Fußballspiel. Wie schon am Morgen kümmern sich die Leute nicht besonders darum, sondern widmen sich weiter ihren diversen Beschäftigungen. Es wird sogar Protest laut, weil die Aufseher während der Messe keine Touristen in diesen Bereich lassen.

Der Reisende schaut sich noch einmal kurz um, und als um sieben die nächste Messe beginnt, befindet er sich gerade im *Coro*, wo er die Gelegenheit nutzt, sich auf einer der Bänke zwischen dem Chorgestühl Notizen zu machen. Die Messe ist auf Katalanisch, was ihm die Konzentration erleichtert. Wenn er sich schon ohne Probleme einer auf Spanisch gehaltenen Messe entziehen kann, um wie viel leichter fällt es ihm dann bei einer Sprache, die er nicht beherrscht.

Als die Messe zu Ende ist, beginnen die Aufseher, die Kathedrale zu räumen. Sie tun dies mit ziemlicher Eile, als wollten sie so schnell wie möglich selbst hinaus. Den Reisenden wundert das nicht, denn er ist wie sie auch schon den ganzen Tag hier drinnen.

»Herzlichen Glückwunsch«, sagt er zu demjenigen, mit dem er am Morgen gesprochen hat und der keine Ahnung hat, was er damit meint.

Um Punkt acht Uhr schließt die Kathedrale endlich ihre Pforten. Die Frauen an der Verkaufstheke zählen die Einnahmen des Tages, während ihre Kolleginnen die Lichter ausmachen. Nur die Kerzen in den Kapellen bleiben angezündet, obwohl sie später vielleicht auch ausgehen werden. Bis zum nächsten Morgen verschwinden jetzt der Cristo de Lepanto, San Pancracio, San Cosme, San Damián und all die anderen Heiligen in ihren jeweiligen Kapellen genauso in der Dunkelheit wie die Mumie des Heiligen Olegario in ihrer Urne. Ganz anders verhält es sich mit der Stadt, die durch die Weihnachtsbeleuchtung in hellem Glanz erstrahlt, von den Ramblas bis zum Paseo de Gracia, wo der Reisende gerade entlang läuft und die Häuser betrachtet, die Gaudí und andere Architekten hier im neueren Teil gebaut haben, um das Werk ihrer Vorgänger weiterzuführen. Wie schön Barcelona ist!, denkt der Reisende bei ihrem Anblick, und beim Blick auf das rundum herrschende Treiben: Und wie der Beutel hier klingelt!